과정
중심
평가

역동적 평가로 실천하기

과정
중심
평가

역동적 평가로 실천하기

김병룡·김형욱·황의택 지음

지식프레임

　　작년부터 거실에서 나무를 키우고 있습니다. 처음 도전한 나무가 뱅갈고무나무였습니다. 제법 가지가 굵고 잎도 많아 나무라고 부를 수 있는 모습을 갖추고 있어 선택했습니다. 집에 가져온 지 두 달까지는 거실 한편을 푸르게 지키고 있던 나무가 어느 순간부터 잎이 시들고 벌레가 꼬이기 시작했습니다. 나무에 약을 치고 영양제를 줬지만 좀처럼 나아지지 않았습니다. 답답한 마음에 나무를 산 화원에 전화를 걸어 사정을 설명하고 방법을 물어보니 물이 부족한 것 같다고 하셨습니다. 물을 실컷 주고 나니 나무는 다시 생기를 찾았습니다. 2주쯤 후엔 벌레도 사라지고 지금까지 거실에서 저와 함께 잘 생활하고 있습니다.

　　저는 나무를 죽일 뻔했습니다. 나무에 대해 무지해서 나무를 죽일 뻔했습니다. 나무가 원하는 것이 무엇인지, 필요한 것이 무엇인지 몰라 쓸데없는 짓만 하다가 나무를 죽일 뻔했습니다. 제 직업은 교사입니다. 혹시 학생들에게도 똑같은 짓을 하고 있지 않을까 하고 생각이 이어지자 아찔했습니다. 학생들이 뭘 원하는지, 뭐가 필요한지 알지도 못하면서 제멋대로 생각나는 대로 학생들에게 들이밀고 있는 것은 아닐까 하는 생각에 겁이 났습니다.

2015 개정 교육과정이 도입되면서 과정 중심 평가가 제시되었습니다. 과정 중심 평가는 평가를 통해 학생들의 목소리를 들어보자는 것입니다. 목소리를 듣고 학생들이 원하는 것, 필요한 것이 무엇인지를 알아보자는 것입니다. 그리고 그것을 적절히 제공하고 도와주며 그들이 잘 자라날 수 있도록 지원하자는 것입니다. 어려운 말로 하자면 학생들의 성장과 발달을 위해 노력해보자는 것입니다.

참 좋은 뜻이고 목적입니다. 하지만 마음 한편에는 과연 잘 될까라는 의구심을 떨칠 수 없습니다. 저도 벵갈고무나무를 잘 키우고 싶었습니다. 하지만 무지해서 나무를 죽일 뻔했습니다. 제가 무지에서 벗어난 후에야 벵갈고무나무를 살릴 수 있었듯이 과정 중심 평가는 학생에 대한 교사의 무지를 일깨워 교사가 학생을 살리고 학생의 성장과 발달을 지원할 수 있도록 해줄 것이라 믿습니다. 하지만 이것도 교사가 과정 중심 평가를 올바르게 실시할 때만 가능한 일입니다. 그래서 어쩌면 교사가 학생에 대한 무지를 깨기 위해서, 과정 중심 평가에 대한 무지를 깨고 이를 실천하기 위해 노력하는 것이 우선되어야 할지 모르겠습니다. 그리고 이를 위해 이 책이 티끌만 한 도움이라도 된다면 정말 영광일 것입니다.

이 책에서 소개하는 역동적 평가는 비고츠키의 근접발달영역에 기초하여 과정 중심 평가의 실질적이고 효과적인 실천 방향을 제시할 것입니다. 근접발달영역에서 교사는 학생과 역동적으로 상호작용하며 학생의 성장과 발달을 지원하게 됩니다. 이 과정에서 평가는 곧 교수와 학습이 되고 학생의 성장과 발달을 위한 진정한 활동이 됩니다.

저는 학생의 성장과 발달이 무엇인지에 대해 고민하고 이를 위해 역동적 평가 활동이 실제 수업 장면에서 어떻게 이루어지는지에 대한 구체적인 사례들을 이 책에서 이야기하고자 하였습니다. 그리고 단순한 사례뿐만 아니라 역동적 평가 이론에 기초하여 평가의 실천을 위해 계획, 실행 그리고 결과 기록의 단계에서 교사가 수행해야 하는 구체적인 과제들과 그 방법들에 대해 제시하고자 하였습니다.

이 책은 PART 1. 과정 중심 평가의 도입, PART 2. 역동적 평가의 이해, PART 3. 과제 분석과 교수 적합화, PART 4. 역동적 평가 실천하기, PART 5. 학생의 성장과 발달 정보 공유로 구성되어 있습니다.

'PART 1. 과정 중심 평가의 도입'에서는 과정 중심 평가의 의미, 현장의 오해와 진실, 과정 중심 평가 실천을 위한 준비에 대한 내용들에 대해 이야기하며 현장에서 과정 중심 평가가 정착되기 위해 필요한 것들에 대해 고민해보았습니다.

'PART 2. 역동적 평가의 이해'에서는 역동적 평가의 의미, 역동적 평가의 필요성, 역동적 평가의 유형, 역동적 평가 과정, 역동적 평가의 기록에 대한 내용들을 다루며 과정 중심 평가로서 역동적 평가를 어떻게 적용할 수 있는지에 대해 이론적 바탕을 제공하고자 하였습니다.

'PART 3. 과제 분석과 교수 적합화'에서는 과제 분석과 교수 적합화의 개념에 대해 설명함으로써 역동적 평가를 계획하고 실행하는 데 필요한 기능과 활동을 준비할 수 있도록 하였습니다.

'PART 4. 역동적 평가 실천하기'에서는 역동적 평가의 계획부터 실행과 결과 제공까지의 전 과정을 국어 교과와 수학 교과를 예로 들어 다루며 계획서 양식과 결과 통지 양식과 같은 평가의 실제를 제공하고자 하였습니다.

마지막으로 'PART 5. 학생의 성장과 발달 정보 공유'에서는 학부모 그리고 다른 교사들과 학생에 대한 정보를 어떻게 공유하고 협력할 수 있을지에 대한 구체적인 방법들을 제시하고자 하였습니다.

선생님들께서 책의 순서에 맞춰 이 책을 읽어보시면 역동적 평가의 개념과 그 실제들을 차례대로 접하시게 되어 역동적 평가를 좀 더 쉽게 이해하는 데 도움이 될 것 같습니다. 혹시 활용 시 평가 계획, 실행 그리고 결과 기록을 위한 양식과 같은 실용적인 정보를 먼저 얻고 싶다면 'PART 4. 역동적 평가 실천하기'의 내용을 먼저 살펴보는 것도 좋습니다. 하지만 책의 전반부에 제시한 평가에 대한 다양한 정보와 이론적 내용 역시 꼭 읽어주셨으면 합니다. 과정 중심 평가의 실천을 위해 역동적 평가라는 생소한 개념을 학교 현장에 적용하기 위해서는 평가 준비와 실시를 위한 문서적 틀의 활용도 중요하지만 관련 이론에 대한 이해 역시 매우 중요합니다.

　이 책을 읽으시는 선생님들께 당부하고 싶은 말이 한 가지 있습니다. 제 경험에 비추어보자면 역동적 평가를 현장에서 적용하여 실시한다는 것이 쉬운 일은 아니었습니다. 정말 어려울 수 있습니다. 그래서 도중에 포기하시는 분들도 계실 겁니다. 저 역시 그냥 컴퓨터 프로그램에서 다운로드한 평가 계획과 도구들을 가지고 평가를 진행한 적이 많았습니다. 하지만 만약 이 책을 읽고 역동적 평가가 정말 의미 있고 가치 있으며 학생들을 위해 교사가 조금이라도 무엇을 해주는 데 도움이 될 것 같다는 생각이 드신다면 너무 쉽게 포기하지 마시고 조금씩 조금씩 해나가보셨으면 합니다. 조금씩 이루어지는 실천이 선생님을 변화시킬 것이고 변화된 선생님께서는 학생들을 변화시킬 수 있을 것입니다.

2019년 4월
저자 일동

Contents

> > > Contents

Dynamic Assessment

PART 1

과정 중심 평가의
도입

과정 중심
평가란
무엇인가?

21세기는 단순히 많은 지식을 소유한 인재가 아닌, 소유한 지식을 활용하여 실질적인 가치를 만들어낼 수 있는 역량을 갖춘 인재를 요구한다. 이와 같은 시대적 요구에 발맞춰 2015 개정 교육과정은 미래 사회가 요구하는 창의융합형 인재가 갖추어야 할 핵심 역량을 키워나가는 방향으로 편성되었다.

학교 교육은 2015 개정 교육과정의 실천을 통해 살아가는 데 필요한 핵심 역량을 함양함으로써 학생의 성장과 발달을 도모하고자 한다. 이에 따라 교육 활동에서 평가는 학생의 성장과 발달을 지원할 수 있는 방향으로 이루어져야 한다. 하지만 학생의 성장과 발달의 지원이라는 평가의 목적으로 볼 때 과거의 결과 중심 평가는 여러 문제점을 갖고 있었다. 결과 중심 평가는 과제의 수행 결과만을 평가의 대상으로 삼아 학생을 선별하고 서열화하고자 하였으며, 그 과정에서 평가의 실제 목적은 흐려지고 극도의 경쟁을 야기하며 심각한 교육 붕괴를 낳았다.

　이러한 결과 중심 평가의 문제점들을 극복하고 학생의 성장과 발달을 도모하기 위해 제시된 2015 개정 교육과정의 '과정 중심 평가'에 대한 정의는 다음과 같다.

> 과정 중심 평가란 교육과정의 성취 기준에 기반한 평가 계획에 따라 교수학습 과정에서 학생의 변화와 성장에 대한 자료를 다각도로 수집하여 적절한 피드백을 제공하는 평가이다. (교육부, 교육과정 평가원, 2017)

　교육부가 제시한 과정 중심 평가의 정의에서 '과정'이 갖는 의미는 크게 좁은 의미의 과정과 넓은 의미의 과정으로 구분되어 해석할 수 있다.

　좁은 의미의 '과정'은 평가 장면으로서의 '과정'이다. 이는 곧 평가를 교수학습의 장면 속에서 실시해야 함을 의미한다. 평가 장면으로서의 '과정'은 과거 교수학습 활동이 종료된 후 실시되던 평가를 진행 중인 교수학습 활동 속으로 이동시킨다. 교수학습 활동 속에서 실시함으로써 교사는 학생의 과제 수행 결과뿐만 아니라 과정도 중요하게 평가할 수 있다. 그리고 과제 수행 과정에 대한 평가는 학생의 성공적인 과제 수행을 위한 교사의 실질적인 지원을 가능하게 해준다. 이와 더불어 결과 중심 평가에서 생겨나는 교수학습 활동과 평가 활동의 분리 문제를 해결하고 교육과정, 수업 그리고 평가의 일체화를 가능하게 한다.

하지만 과정 중심 평가를 좁은 의미로서만 정의하는 것은 다양한 평가 방법의 활용을 제한하는 결과를 초래한다. 즉 교수학습 활동 내에서만 이루어지는 평가를 과정 중심 평가라 한다면 그 외의 수업 전 진단 평가와 수업 후 총괄 평가 등은 과정 중심 평가에 포함시키기 어렵다는 점이다. 그러므로 과정 중심 평가의 '과정'을 넓은 의미의 '과정'으로 정의할 필요가 있다.

넓은 의미의 '과정'은 평가 장면으로서의 '과정'을 넘어 학생의 성장과 발달의 '과정'을 의미한다. 즉 넓은 의미에서 과정 중심 평가는 학생이 성장과 발달의 단계들을 정상적으로 밟아 나갈 수 있도록 지원하는 것이다. 그러므로 넓은 의미의 '과정'은 학생의 성장과 발달에 관련된 모든 평가 활동들을 과정 중심 평가에 포함시킨다. 그리고 이에 따라 교수학습 활동 속에 평가의 장면을 한정하지 않고 다시점(multi-times), 다방면(multifaceted)의 평가를 가능하게 한다. 이는 교수학습 활동 내에서 실시되는 여러 가지 평가들, 예를 들어 형성 평가와 같은 평가 활동뿐만 아니라 총괄 평가와 수행 평가 그리고 학생의 상담 활동까지 학생의 정보를 수집하고 성장과 발달을 지원하는 모든 활동을 포함한다. 이처럼 넓은 의미로서 과정 중심 평가의 확장은 한계가 없는 다양하고 풍부한 학생의 정보를 수집할 수 있게 하여 학생의 성장과 발달을 위한 실질적인 지원을 가능하게 한다.

교육부의 정의에 따르면 과정 중심 평가는 학생이 성취 기준에 성공적으로 도달하였는지를 평가하는 것이다. 2015 개정 교육과정의 성취 기준은 학교 교육 이후 학생이 도달해야 할 지식, 기능 그리고 태도의 목표로서 학교 교육을 통해 이루어야 하는 기본적인 성장과 발달 수준이다. 다시 말해, 성취 기준의 도달이 곧 학생의 성장과 발달을 의미한다면 학생의 성장과 발달을 위한 평가라는 것은 학생이 성취 기준에 성공적으로 도달할 수 있도록 도와주는 평가 활동이라고 할 수 있다.

요컨대 과정 중심 평가란 성장과 발달의 과정으로서 학생이 성취 기준에 적절히 도달하고 있는지에 대해 다시점 그리고 다방면에서 정보를 수집하고 이를 바탕으로 지원하는 활동이라 할 수 있다.

2 과정 중심 평가에 대한 오해와 진실

　　2015 개정 교육과정은 학교 현장에서 평가의 혁신을 통하여 교육 전반을 개선하고자 과정 중심 평가를 도입하였다. 그리고 과정 중심 평가의 정착을 위해 다양한 연수를 통해 학교 현장에 그 개념을 소개하고 있다. 하지만 과정 중심 평가의 기본 개념을 정확하게 반영한 구체적인 실천 방법에 대한 소개는 충분히 이루어지지 못하고 있는 실정이다. 이로 인해 과정 중심 평가에 대한 서로 상이한 해석과 적용이 생겨나고 있다. 과정 중심 평가의 상이한 해석과 적용은 학교 현장에서 과정 중심 평가에 대한 혼란과 오해를 야기하고 실천을 제한하기도 한다. 한국교육과정평가원(2018)의 자료에 따르면 과정 중심 평가의 실천에 대한 학교 현장의 오해는 크게 두 가지다.

　　첫 번째 오해는 과정 중심 평가는 학습을 하는 과정 속에서만 실시해야 한다는 것이다. 이와 관련된 사례를 살펴보면 다음과 같다.

A초등학교에서는 이번 주 금요일까지 모든 담임 선생님들이 연구부장 선생님에게 평가 계획서를 제출해야 한다. 연구부장 선생님은 월요일 아침 일찍부터 단체 쪽지를 보냈다.

"활기찬 아침입니다. 선생님들께서는 금요일 오후 3시까지 평가 계획서를 작성해서 제출해주시면 고맙겠습니다. 제출하시기 전에 반드시 유의사항을 참고해서 같은 학년 선생님들과 상호 점검해주세요."

3학년 1반 김병욱 선생님과 3학년 2반 김형운 선생님은 평가 계획서를 제출하기 전 서로의 계획서를 함께 점검하기로 했다.

"김형운 선생님, 저희 과정 중심 평가를 실시하기로 했는데 총괄 평가를 평가 계획에 포함시키는 것은 좀 안 맞지 않나요? 과정 중심 평가는 학습의 과정에서 실시해야 하니까 형성 평가만을 실시하는 것이 맞는 것 같은데요."

"네, 선생님. 저도 김병욱 선생님 말씀에 일부 동의합니다. 하지만 우리가 혹시 학습의 과정을 너무 짧게 설정하고 있는 것은 아닐까 하는 생각이 좀 드네요. 저희가 수학 덧셈 뺄셈을 배워도 1학년부터 시작해 6학년 그리고 그 이상의 학년까지 연속해서 배우지요. 그러니 학습의 과정을 그 전체의 기간으로 보고 그 과정에서 학생에게 도움을 줄 수 있는 평가가 과정 중심 평가가 아닐까요? 그래서 총괄 평가도 학생에게 도움을 줄 수 있는 정보를 수집할 수 있다면 충분히 의미 있게 실시할 수 있다는 생각이 들어 포함시켰습니다."

"김형운 선생님의 말씀도 일리가 있습니다. 그럼, 우선 과정 중심 평가에 대해 연구부장 선생님께 다시 여쭤보고 학교 차원에서 다시 고민해 그 정의를 명확히 한 후에 계획서를 다시 살펴볼 필요도 있을 것 같습니다. 내일 협의 시간에 이 부분에 대해 같이 이야기를 나눠보면 좋을 것 같습니다."

"네, 고맙습니다."

위의 사례에서와 같은 오해로 인하여 일부 교사들은 과정 중심 평가에서 총괄 평가를 배제하고 형성 평가만을 실시하려는 경향이 있다. 형성 평가는 수업 과정 중에 학생들의 성취를 파악하고 이에 따라 피드백을 제공하는 평가이다. 반면, 총괄 평가는 학습 종료 시에 결과를 중심으로 학생의 성취 수준을 확인하고 피드백을 제공하는 평가이다. 과정 중심 평가는 기존의 결과 중심 평가의 성격이 강한 총괄 평가의 영향력을 줄이고자 도입된 것이 사실이다. 하지만 총괄 평가를 완전히 배제하고 형성 평가만을 실시해야 함을 의미하는 것은 아니다.

과정 중심 평가는 학생의 학습에 대한 정보를 수집하고 피드백을 제공하여 성장과 발달을 이끌어내는 것이 목적이다. 학생의 성장과 발달에 도움이 된다면 학생의 학습 결과에 기초하여 성취 수준과 지원 방향에 대한 정보를 수집할 수 있는 총괄 평가를 과정 중심 평가에서 얼마든지 활용할 수 있다. 따라서 과정 중심 평가를 실천할 때 형성 평가나 총괄 평가 중 한 가지만을 선택하여 평가를 적용하는 것이 아니라 두 가지의 평가를 균형적으로 활용하여 의미 있는 평가를 실시할 수 있도록 노력해야 한다.

두 번째 오해는 과정 중심 평가는 수행 평가로만 실시될 수 있다는 것이다. 이와 관련된 사례를 살펴보면 다음과 같다.

오늘은 B초등학교 학업성적관리위원회 회의를 하는 날이다.

"학업성적관리위원회 회의를 진행하도록 하겠습니다. 먼저 도교육청에서 제시한 기본 방침을 보시면 과정 중심 평가를 본격적으로 적용하기 위해 '평가 방법은 논술형 평가를 포함한 다양한 수행 평가로 실시한다'라는 내용을 강조하고 있습니다. 이에 따라서 우리 학교는 평가 방법에서 지필 평가는 제외하려고 하는데 어떻게 생각하시는지요?"

"연구부장 선생님, 저기 궁금한 것이 있는데요. 다름이 아니라 과정중심 평가에서는 지필 평가를 실시하면 안 되나요? 제 생각에는 지필 평가도 상황에 따라서 효율적인 평가 방법인 것 같아 여쭤봅니다."

"저도 지금 과정 중심 평가에 대해 공부를 하고 있는데 혼란스러운 점이 많습니다. 제 생각에도 지필 평가는 무조건 배척하고 제외해야 할 방법이 아니라 효율적으로 사용할 수 있는 괜찮은 방법이라는 생각이 들 때가 있거든요. 그런데 도교육청의 지침이 그러니 어떡하죠?"

옆에서 듣고 있던 6학년 부장 선생님이 이어 말했다.

과정 중심 평가
역동적 평가로 실천하기

"과정 중심 평가에 대해서 분명한 지침이 없으니 현장에서 혼란이 있는 게 당연한 것 같습니다. 저도 처음 과정 중심 평가에 대한 자료를 읽었을 때 지필 평가를 하면 안 되겠구나 싶었는데, 좀 더 살펴보니까 과정 중심 평가에서 학생에게 필요한 정보를 수집하고 피드백을 제공하는 것이 목적이라고 할 때, 이 목적을 이루는 데 지필 평가가 효율적이라면 사용할 수 있을 것 같아요."

"그런데 부장 선생님, 지필 평가로 학생들에게 필요한 정보를 제대로 수집할 수 있을까요? 제 생각에는 힘들 것 같아요. 그러니까 과정 중심 평가에서 수행 평가를 중심으로 하라는 것 아닐까요?"

"지금 의논되고 있는 내용들을 살펴보면 조금 더 지필 평가와 수행 평가에 대한 정확한 개념을 먼저 확인하고 결정하는 것이 바람직할 것 같습니다."

오늘 학업성적관리위원회 회의에서는 지필 평가를 실시할 수 있는지 없는지에 대해 결론을 지을 수 없어 좀 더 정보를 수집한 후 다음 주에 재논의하기로 결정하였다.

위의 사례에서처럼 과정 중심 평가에서 지필 평가의 사용에 대한 혼란이 학교 현장에서 많이 나타난다. 평가는 크게 수행 평가와 지필 평가로 구분된다. 수행 평가는 학생이 학습 과제를 수행하는 과정이나 결과를 보고 그와 관련된 지식과 기능의 상태를 평가하는 방식이다. 그리고 지필 평가는 그 개념이 명확하게 정의된 것은 없으나 일반적으로 시험지를 활용하여 학생의 학습을 평가하는 방식이라고 할 수 있다.

과정 중심 평가는 학습 과제를 수행하는 과정에 대한 평가를 중요하게 생각함에 따라 이를 위한 평가 방식으로 수행 평가를 강조하였다. 이것은 과정 중심 평가에 대한 이해를 좁혔고 과정 중심 평가가 곧 수행 평가라는 오해로 이어졌다. 그리고 지필 평가는 과정을 평가할 수 없는 틀린 평가 방식이라 과정 중심 평가에서는 적용할 수 없다는 잘못된 인식을 만들었다. 하지만 현장에서는 여전히 지필 평가를 형성 평가의 방법으로 활용하고 있다. 이는 지필 평가 역시 과정을 평가하는 방법으로 활용될 수 있다는 것이다. 그러므로 과정 중심 평가 본연의 목적을 실현할 수 있다면 수행 평가와 지필 평가의 구분 없이 다양한 평가 방법을 사용할 수 있다.

이와 같은 과정 중심 평가의 실천에 대한 오해들은 과정 중심 평가가 학교 현장에 제대로 정착하는 데 많은 어려움을 야기한다. 따라서 학교 현장에 과정 중심 평가의 개념을 정확하게 반영한 구체적인 실천 방법을 안내해줄 필요가 있고 이를 위해 역동적 평가 패러다임의 도입이 요구된다.

3 과정 중심 평가 실천을 위한 준비

과정 중심 평가를 실시하기 위해 교사는 다양한 준비를 해야 한다. 기존의 결과 중심 평가에 익숙해진 교사라면 더욱 철저하게 준비해야만 실패를 예방할 수 있다. 실질적인 과정 중심 평가의 실시를 위해서는 다음과 같은 준비가 필요하다.

첫째, 과정 중심 평가의 개념에 대한 이해가 필요하다. 과정 중심 평가는 결과 중심 평가처럼 학생의 서열화를 위해 일회적으로 실시되는 평가가 아니다. 교수학습 활동과 평가 활동이 반복해서 순환되어 실시되거나 하나로 통합되어 실시되면서 학습의 매 순간마다 학생의 진단과 처방이 이루어지게 된다. 그리고 이를 위해 다양한 평가 시기와 평가 방법이 적용될 수 있다. 이와 같은 개념에 대한 이해 없이 실시되는 과정 중심 평가는 단순히 형성 평가와 수행 평가를 강조하는 형태의 평가로만 실시될 수 있다.

둘째, 성취 기준에 대한 정확한 분석과 이해를 할 수 있어야 한다. 성취 기준은 학습에 있어서 목표이자 내용의 제시이고 평가에 있어서 평가의 기준이자 내용이 된다. 따라서 교사가 성취 기준을 정확하게 이해하지 못한다는 것은 학생들에게 무엇을 가르치고 무엇을 평가해야 하는가에 대해 정확하게 이해하지 못함을 의미한다. 이는 결국 의미 없는 교수, 학습 그리고 평가 활동으로 이어지고 교실에서의 교육 활동을 무의미하게 만든다. 교사의 성취 기준에 대한 정확한 분석과 이를 바탕으로 한 이해는 좁게는 과정 중심 평가의 실행을 위해서도 필수적이라고 할 수 있지만 궁극적으로 교실에서의 교육 활동에 의미를 부여하기 위해 반드시 실천되어야 하는 내용이다.

셋째, 과정 중심 평가를 위한 타당한 평가 과제를 구성할 수 있어야 한다. 학교 현장에서 가장 문제가 되었던 것이 교육과정, 수업 그리고 평가가 일체화되지 않는 것이었다. 과정 중심 평가는 평가의 혁신을 통해 교육과정, 수업 그리고 평가를 일체화함으로써 이와 같은 학교 현장의 문제를 해결하고자 하였다. 교육과정, 수업 그리고 평가의 일체화를 위해 타당한 평가 과제의 구성이 핵심이다. 타당한 평가 과제란 앞서 말한 성취 기준에 대한 정확한 분석과 이해를 바탕으로 성취 기준의 도달 여부를 직접적으로 확인할 수 있는 과제라 할 수 있다. 따라서 타당한 평가 과제를 제작하기 위해서는 성취 기준을 분석하고 이해할 수 있는 능력 역시 반드시 갖춰야 한다고 할 수 있다.

넷째, 개별 학생에 대한 정보를 수집, 분석 그리고 기록하려는 노력이 필요하다. 과정 중심 평가를 실시할 때 개별 학생의 정보를 수집, 분석 그리고 기록하는 것은 핵심적이다. 이것은 교사에게 사실상 큰 부담이 될 수밖에 없다. 하지만 이를 위한 특별한 왕도는 없다. 교사는 자신만의 효율적인 기록 양식과 방법을 개발하고 이를 바탕으로 실천해나가다 보면 언젠가 역량을 갖추게 된 자신을 발견하게 될 것이다.

다섯째, 개별 학생을 진단하고 정확한 피드백을 제공할 수 있는 전문성을 갖춰야 한다. 사실상 현장에서 개별 학생에 대해 진단한 내용을 바탕으로 정확한 피드백을 제공한다는 것은 많은 어려움이 있다. 이것에 대한 풍부한 경험 그리고 부단한 연수가 없는 교사에게는 사실상 불가능한 일이다. 그래서 교사가 학생을 진단하고 정확한 피드백을 제공하는 데 부족함을 느낀다면 이를 보완하는 활동으로 학생의 과제 수행 결과를 예상해서 그에 대한 피드백을 미리 준비해본다. 이를 통해 교사는 좀 더 수월하게 개별 학생 진단과 피드백을 제공할 수 있다.

과정 중심 평가는 깊이 살펴볼수록 아무런 노력 없이 손쉽게 적용할 수 있는 평가는 아니다. 위에서 말한 것 이외에도 더 많은 것들을 교사는 준비하고 노력해야 한다. 하지만 학생을 제대로 가르치고 평가하는 것이 교사의 본분이라면 지금 당장의 어려움이 있더라도 노력해야 하는 것이 당연한 일이다. 그리고 교육부, 시도 교육청과

지역 교육지원청 차원에서 교사들이 과정 중심 평가를 위한 역량을
갖출 수 있도록 지원해야 할 것이다.

학생의 성장과 발달을 위한
효율적인 피드백의 계획부터 실행까지

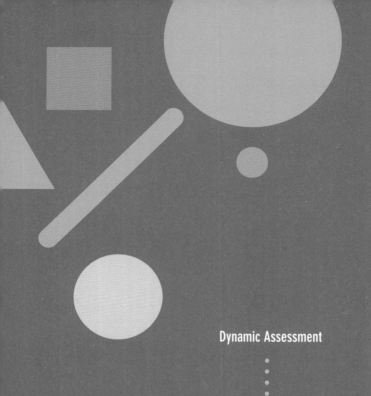

Dynamic Assessment

PART 2

역동적 평가의 이해

역동적 평가(Dynamic Assessment, DA)란 학생과 교사의 역동적 상호작용에 기초하여 학생의 성장과 발달 과정을 지속적으로 평가하고 평가 과정의 일부로서 교수와 피드백을 제공하는 평가들을 아우르는 통합적 용어이다. 역동적 평가(DA)는 학생의 성장과 발달을 지속적으로 평가하고자 하며 평가의 관심 대상은 이미 완성된 능력인 학생의 실제 발달 수준이 아니라 미래의 잠재적 발달 수준으로 나아가는 과정이다. 즉 역동적 평가는 근접발달영역(zone of proximal development)에 기초하여 학생의 변화 과정을 평가하고자 한다.

비고츠키(Lev Semenovich Vygotsky, 1896~1934)는 독립적으로 과제를 해결할 수 있는 실제 발달 수준과 좀 더 유능한 사람과의 협력을 통해 과제를 해결할 수 있는 잠재적 발달 수준 사이의 간격을 '근접발달영역'이라고 하였다. 학생은 근접발달영역에서 협력을 통해 필요한 도움을 받아 과제를 완수하게 되고 이 과정에서 실제적인 학습이 이루어지며 성장과 발달을 한다. 역동적 평가는 과제 수행 과정 속에서 학생의 정보를 수집, 해석하고 이에 따라 지원을 제공하여 학생이 과제를 완수할 수 있도록 해준다. 또한 근접발달영역에서 학생에게 필요한 도움이 무엇인지를 평가하고 동시에 지원을 제공함으로써 학생이 실질적으로 학습하고 성장과 발달을 할 수 있도록 돕는다.

근접발달영역 속 학생은 고정된 존재가 아닌 교사와의 협력을 통해 계속적으로 변화하는 존재이다. 따라서 학생에게 필요한 도움에 대한 평가와 지원은 일시적이고 일회적인 성격의 활동이 아닌 지속적이고 반복적인 활동이 된다. 그리고 이에 따라 평가와 지원 사이의 역동성, 즉 교사와 학생 사이의 역동적 상호작용은 평가의 필수 요인이 된다.

역동적 평가는 비고츠키의 근접발달영역 개념에 기초하여 나왔으나 이스라엘의 교육학자 포이에르스타인(Reuven Feuerstein, 1921~2014)에 의해 일반화되었다. 포이에르스타인은 역동적 평가와 대조를 이루는 평가로 정적 평가(Static Test, ST)를 들었다. 역동적 평가는 학생 능력의 성장과 발달 과정을 지속적으로 평가하려 하지만 정적 평가는 이미 성장과 발달이 완료된 능력만을 평가의 대상으로 삼는다는 점에서 가장 큰 차이를 보인다.

표 1. 역동적 평가와 정적 평가의 차이점

	역동적 평가	정적 평가
인간관	무한한 변화 가능성의 존재	성장과 발달의 종료 후 고정된 존재
평가의 목적	학생의 성장과 발달 지원	학생의 선정과 선별
평가의 대상	성장과 발달의 과정	성장과 발달 후 형성된 결과
교사의 개입	평가 과정에 교사의 적극적 개입	평가 지침에서 제시한 것 외에 교사 개입 금지
정보의 처리	정보의 해석을 통한 학생 지원	정보의 점수화를 통해 등급과 등수 산출

역동적 평가와 정적 평가의 차이는 다음과 같다.

첫째, 역동적 평가는 인간을 언제나 변화가 가능한 존재로 바라보면서 학생은 계속해서 성장하고 발달할 수 있음을 전제한다. 반면에 정적 평가는 인간을 고정된 존재로 바라보면서 학생의 성장과 발달에는 한계가 있음을 전제한다. 이에 따라 역동적 평가는 인간 능력의 변화를 평가함으로써 성장과 발달의 과정에 초점을 맞추고 계속해서 평가를 진행해나가려는 반면에 정적 평가는 특정한 시점에서 개인의 능력을 파악한 후에 앞으로도 동일한 수준의 능력을 계속해서 유지할 것으로 생각한다.

둘째, 역동적 평가는 학생의 성장과 발달을 위한 지원을 목적으로 하는 반면에 정적 평가는 학생의 선정과 선별을 목적으로 한다. 역동적 평가는 인지 기능 평가로서 처음 시작되었다. 과거 정적 평가로 진행되던 인지 기능 평가의 대안으로 역동적 평가가 제시된 것이다. 정적 평가로서 인지 기능 평가는 평가의 결과에 따라 학생이 정상군에 속하는지 비정상군에 속하는지를 판단하고 분류하는 것을 목적으로 하였다. 하지만 역동적 평가는 개인의 인지 기능을 변화 가능한 것으로 보고 학생이 인지적 기능에 결함을 보이면 이를 보완하거나 수정할 수 있는 방법을 찾아 변화시키고자 하였다. 이와 같은 평가의 성향은 학생의 학습 결과에 대한 평가로도 이어져 정적 평가는 학생의 등위와 수준 집단을 판단하는 데 초점을 맞추고 평가를 진행하는데 반해 역동적 평가는 학생의 학업 성장과 발달을 목적으로 평가를 실시한다.

셋째, 역동적 평가는 성장과 발달의 과정에 대해 평가하고 정적 평가는 성장과 발달 후 형성된 결과에 대해 평가한다. 정적 평가는 성장과 발달 중인 능력은 완전한 능력이 아니기 때문에 평가의 대상으로 삼지 않고 완성된 능력만을 평가하고자 한다. 이에 반해 역동적 평가는 능력이 형성되어 가는 과정, 즉 성장과 발달의 과정에 대한 정보의 수집을 목적으로 한다. 성장과 발달의 결과를 평가하는 정적 평가에서 평가의 실시는 성장과 발달의 종료를 의미한다. 하지만 그 과정을 평가하는 역동적 평가는 현재의 성장과 발달 단계가 다음 단계로 이어지는 과정에 있으므로 평가의 실시는 한 단계의 종료이자 다음 단계의 시작으로 이어진다.

넷째, 역동적 평가는 평가의 과정에 교사가 적극적으로 개입하지만 정적 평가는 평가 지침에서 제시한 것 외에 평가 과정에 교사의 개입을 절대 금지한다. 정적 평가에서는 학생이 독립적으로 수행하는 것만이 학생의 실제 능력이라고 보고 평가 과정에 교사가 개입하는 것이 평가의 신뢰도를 훼손한다고 생각하였다. 하지만 역동적 평가에서는 실제 발달 수준과 잠재적 발달 수준이 모두 학생의 능력이라 보고 학생의 성장과 발달을 지원하기 위해 잠재적 발달 수준에 초점을 맞추고 평가를 한다. 이를 위해 교사는 평가 과정에 적극적으로 개입하여 평가와 지원을 반복하며 학생과 역동적으로 상호작용하게 된다. 평가의 과정에 대한 교사의 적극적인 개입은 교수, 학습, 평가를 융합하여 하나의 활동으로 만든다.

다섯째, 역동적 평가는 학생에 대한 정보의 해석을 강조한다. 하지만 정적 평가는 채점을 통해 학생에 대한 정보를 점수화하고 이를 다른 학생들과 비교하여 등급과 등수 같은 상대적 수준을 파악하고자 한다. 정적 평가의 등급과 등수 같은 학생의 상대적 정보는 선정과 선별을 위해서는 편리한 정보로 사용될 수 있다. 하지만 학생 개인의 성장과 발달에서는 유의미한 정보를 제공하지 못한다. 역동적 평가는 수집된 정보의 해석을 통해 이해하고 학생에게 유용한 정보로 가공하여 제공하며 이를 바탕으로 학생의 성장과 발달을 지원하고자 한다. 여기서 '해석'이란 수집한 정보를 정리하여 작게 나눠보기도 하고 여러 형태로 표현해보기도 함으로써 그 의미를 명확히 이해해서 이를 바탕으로 학생에게 유의미한 정보로 가공하는 것이다.

역동적
평가는
왜
필요한가?

학교 교육의 중요한 역할 중 하나는 교육과정에 기초해 학생의 학습 과정을 살피며 필요한 지원을 하여 학생의 성장과 발달을 도와주는 것이다. 그리고 학생의 성장과 발달에 대한 실질적인 지원을 위해 평가는 양질의 정보를 수집하고 이를 해석하여 학생에게 필요한 정보로 가공해내는 활동이 반드시 필요하다.

과거 결과 중심 평가에서는 학습 결과를 단순히 채점하여 점수화나 등급화하였다. 하지만 10점, 100점과 같은 점수 그리고 상중하의 등급을 구분하는 평가 활동은 학생의 정보를 단순화함으로써 실질적인 지원을 어렵게 만들었다.

그럼 학생들에 대한 정보를 다양하게 수집하면서 학습에 필요한 실제적인 지원을 마련해주려면 어떤 평가 방법이 도입되어야 하는 걸까?

다양한 평가 패러다임들 중 학생의 과제 수행 결과뿐만 아니라 그 과정에 있어 다양한 정보를 해석하고 이에 대한 실제적인 지원을 가능하게 하는 것으로 역동적 평가가 있다. 역동적 평가는 과제 수행의 과정과 결과에 대해 학생과 교사가 역동적으로 상호작용함으로써 학생에 대해 양적 그리고 질적 정보를 수집하고 해석할 수 있도록 해준다. 즉 역동적 평가는 과정 중심 평가의 실천에 있어 구체적인 평가의 방향과 방법을 제시할 수 있다. 다음과 같이 학교 현장에서 일어나는 여러 가지 사례들을 통해 역동적 평가의 필요성을 살펴보자.

교사와 학생의 끊임없는 상호작용

평가초등학교 2학년 1반 학생들은 수학의 내림이 있는 (두 자릿수)-(한 자릿수) 연산 평가를 봤다. 우혁이와 현우는 10문제 중 한 문제도 맞히지 못했다.

2학년 1반 담임 김선미 선생님은 오후에 남아 우혁이, 현우와 함께 (두 자릿수)-(한 자릿수) 연산 보충 학습지를 함께 공부했다. 김선미 선생님은 (두 자릿수)-(한 자릿수) 연산을 설명할 때 잘 이해하는 우혁이와 다르게 몇 번을 반복해서 설명해도 이해하지 못하는 현우 때문에 너무 답답해했다.

다음 날, 학년 협의 시간에 김선미 선생님은 평소 친한 동료 교사인 김성룡 선생님께 우혁이와 현우의 시험지를 보여주며 보충 지도를 통해 우혁이는 해결이 되는데 도대체 현우는 왜 해결이 되지 않는지 이해가 안 된다고 걱정을 했다. 김성룡 선생님은 우혁이와 현우의 시험지를 살펴보았다.

우혁이가 보인 오류는 다음과 같았다.

$$
\begin{array}{r} 1\ 7 \\ -\quad 9 \\ \hline 1\ 2 \end{array}
\qquad
\begin{array}{r} 2\ 5 \\ -\quad 9 \\ \hline 2\ 4 \end{array}
\qquad
\begin{array}{r} 3\ 1 \\ -\quad 5 \\ \hline 3\ 4 \end{array}
$$

현우가 보인 오류는 다음과 같았다.

$$
\begin{array}{r} 1\ 7 \\ -\quad 9 \\ \hline 1\ 9 \end{array}
\qquad
\begin{array}{r} 2\ 5 \\ -\quad 9 \\ \hline 2\ 9 \end{array}
\qquad
\begin{array}{r} 3\ 1 \\ -\quad 5 \\ \hline 3\ 5 \end{array}
$$

김성룡 선생님은 우혁이와 현우의 오류를 해석해보니 우혁이는 뺄셈을 할 수 있으나 내림의 개념을 잘못 이해했던 것이고, 현우는 아직 뺄셈의 개념이 없는 것으로 판단하였다. 김선미 선생님이 내림이 있는 뺄셈 연산을 반복 지도할 때 현우가 이해하지 못했던 이유가 여기 있었다. 김성룡 선생님은 김선미 선생님에게 이와 같은 해석 결과를 말하고 현우에게 뺄셈의 개념부터 재지도할 것을 권했다.

위의 사례에서 점수를 기준으로 봤을 때 우혁이와 현우는 모두 0점을 받는 '하' 수준에 속한 학생들이다. 그리고 김선미 선생님은 우혁이와 현우를 동일한 '하' 수준 집단에 속한 같은 수준의 학생들로 판단하였고, 우혁이와 현우에게 같은 종류의 보충 학습지 활동을 통해 지원을 실시했다. 하지만 지원의 효과는 우혁이에게 나타났으나 현우에게는 나타나지 않았다. 즉 김선미 선생님은 현우에게 실제적인 지원을 하지 못한 것이다.

왜 이와 같은 문제가 생겨난 것일까? 그 이유는 평가 결과에 대한 해석이 제대로 이루어지지 않은 상태에서 점수만으로 두 학생의 수준을 판단했기 때문이다. 과제 수행의 해석을 통해 우혁이의 내림 개념과 현우의 뺄셈 개념 문제라는 학생 개별의 질적 정보를 수집했어야 했는데 그것이 제대로 이루어지지 않은 것이다. 따라서 학생의 성장과 발달을 위한 지원이 평가 본연의 역할이라면 평가에서는 해석의 활동이 강조되어야 한다. 교사와 학생의 역동적인 상호작용은 역동적 평가에 있어 가장 핵심이 되는 개념이자 특징이다. 역동적 평가 패러다임에 따르면 과거의 평가 방식처럼 학생은 교사와 독립되어 평가 과제를 수행하는 것이 아니라 교사와 끊임없이 상호작용하며 평가 과제를 수행해나간다. 이것이 평가 속 교사와 학생의 역동적인 상호작용이다.

학생의 실제 능력 평가

평가초등학교 2학년 2반에서도 수학의 내림이 있는 (두 자릿수)-(한 자릿수) 연산 평가를 봤다. 예지는 내림이 있는 (두 자릿수)-(한 자릿수)를 계산하던 중 갑자기 내림의 방법에 대해 혼란스러워지기 시작했다. 그래서 담임인 김동욱 선생님에게 여쭤봤다.

"선생님, 제가 2번까지는 풀었는데요. 갑자기 내림을 하는 방법이 헷갈려요. 제가 하는 방법이 맞는지 한 번 봐주시면 안 될까요?"

"예지야, 지금 시험 보는 거잖아. 시험은 예지 혼자 힘으로 해야지. 선생님이 예지를 도와주면 공정하지 않은 것 같은데. 틀려도 되니까 혼자 힘으로 풀어봐."

예지는 5문제들 중 3, 4, 5번 문제를 모두 틀렸다.

$$
\begin{array}{cccccccccc}
{\scriptstyle 1\ 10} & & {\scriptstyle 2\ 10} & & & & & & & \\
2\!\!\!/\ 5 & & 3\!\!\!/\ 6 & & 4\ 2 & & 7\ 5 & & 6\ 8 \\
-\quad 8 & & -\quad 7 & & -\quad 6 & & -\quad 9 & & -\quad 9 \\
\hline
1\ 7 & & 2\ 9 & & 3\ 4 & & 7\ 4 & & 6\ 1
\end{array}
$$

위의 사례에서 예지는 처음 2개의 연산 문제를 해결할 때까지만 하더라도 뺄셈에서 내림을 잘 수행했다. 하지만 3번 문제부터 혼란스러워하기 시작했고 담임 선생님께 도움을 요청했다. 하지만 담임 선생님은 예지가 혼자 힘으로 과제를 해결하는 것이 공정하다고 생각하고 예지에게 도움을 제공하지 않았다.

과거 결과 중심 평가에서는 학생 간의 비교를 통한 서열화가 중요한 목적이었다. 따라서 모든 학생들이 독립적으로 동일한 조건에서 평가를 받고 그 점수로 개인 간 경쟁을 해야 했다. 즉 평가 상황에서 과제 수행에 대한 지원이 동일한 조건이라는 평가의 전제를 훼손시켜 불공정한 경쟁으로 이어지게 되는 것이다. 그래서 평가에서는 한 명의 특정 학생에게만 지원을 제공하는 것은 절대 있을 수 없는 일이다.

하지만 과정 중심 평가의 목적은 다르다. 학생의 성장과 발달에 필요한 정보를 얻는 것이 평가의 목적이다. 학생들 간의 비교와 서열화는 중요하지 않다. 이와 같은 평가의 관점에서 봤을 때 예지의 질문에 답을 해주는 것은 과연 공정하지 못한 행동이라고 할 수 있을까? 오히려 예지의 질문에 답을 하지 않아 예지가 마지막 틀린 3개의 문제가 뺄셈의 내림에서 학생 능력을 불명확하게 한 것은 아닐까? 5개의 연산 문제 중 3개를 틀린 예지는 내림이 있는 (두 자릿수)-(한 자릿수) 연산을 할 수 있는 것일까, 없는 것일까?

교사가 예지의 질문에 답을 하고 지원을 했을 경우 학생은 (두 자

044
과정 중심 평가
역동적 평가로 실천하기

릿수)-(한 자릿수) 연산을 했을 수도 또는 못 했을 수도 있을 것이다. 교사의 지원 후에도 (두 자릿수)-(한 자릿수) 연산 문제를 틀렸다면 예지는 뺄셈의 내림에 있어서 충분한 능력이 갖춰져 있지 못한 것으로 판단할 수 있다. 그리고 교사의 지원 후 (두 자릿수)-(한 자릿수) 연산 문제를 성공적으로 해결했다면 예지는 일시적인 혼란이 있었을 뿐 뺄셈에서 내림을 하는 능력에는 큰 문제가 없다고 생각할 수 있다.

역동적 평가는 평가 과제 수행 시 역동적인 상호작용을 통해 교사가 학생에게 필요한 지원을 제공함으로써 학생이 실제 능력을 발휘하는 데 장애가 되는 요인들을 제거한다. 그리고 이를 통해 학생은 실제 자신의 능력을 바탕으로 과제를 수행하게 되며 교사는 학생의 실제 능력을 평가할 수 있게 된다. 즉 예지의 경우 예지의 질문에 답을 하여 일시적인 혼란을 제거하고 예지가 실제 자신의 능력을 바탕으로 연산 과제를 수행하게 하는 것이다. 그리고 이를 바탕으로 학생의 실제 연산 능력을 평가하는 것이다.

효율적인 학습 지도 가능

평가초등학교 2학년 3반에서 내림이 있는 (두 자릿수)-(한 자릿수) 연산 평가를 봤다. 담임인 김병천 선생님은 학생들을 둘러보다가 세미가 같은 실수를 반복하는 모습을 확인하였다. 세미가 보이는 실수는 다음과 같다.

```
    2 5        3 6        4 2
 -    8     -    7     -    6
 ─────────  ─────────  ─────────
    2 3        3 1        4 4
```

김병천 선생님은 세미에게 말을 건넸다.

"세미야. 지금 뺄셈을 잘못하고 있는 것 같구나. 혹시 무엇이 잘못되었을까?"

"잘 모르겠는데요."

"세미야, 뺄셈은 큰 수에서 작은 수를 빼는 것이 맞지?"

"네."

"그럼 25 빼기 8에서 25가 클까? 8이 클까?"

"25."

"그런데 세미는 작은 수인 8에서 25를 뺐구나."

"맞아요. 8이 5보다 크니까요."

"하지만 우리는 5만 보면 안 되고 25 전체를 봐야 되겠지? 그럼 어떤 수가 더 크지?"

"25."

"그럼 지금처럼 5에서 8을 빼지 못할 경우에는 우리는 내림을 해야겠지. 내림은 십의 자리에서 십을 빌려오는 거야. 선생님과 문제 하나를 가지고 살펴볼까? (종이를 가져와서 평가 문제와 같은 유형의 새로운 문제를 적으며 설명한다.) 54 빼기 9를 선생님과 같이 해보자. 54와 9 중에서 어느 수가 더 크지?"

"54요."

"그럼 54에서 9를 빼줘야겠구나. (문제의 풀이 과정을 적어가며 말로 설명한다.) 그런데 4에서 9를 뺄 수 없으니 50에서 10을 빌려와야 해. 빌려오면 50은 40이 되고 빌려온 10은 4 위에 적어주면 되는 거야. 그럼 이제 빌려온 10에서 9를 뺄 수 있네. 10에서 9를 빼면 1이 남고 이것을 원래 있던 4와 합쳐서 답으로 적어주면 된단다. 이것을 우리는 내림이라고 한단다. 세미야 이해가 되니?"

$$\begin{array}{r} {\scriptstyle 4 \quad 10} \\ \cancel{5}\ 4 \\ -\quad 9 \\ \hline 4\ 5 \end{array} \qquad \begin{array}{r} \cancel{5}\ 4 \\ -\quad 9 \\ \hline 4\ 5 \end{array}$$

"아! 맞아요. 제가 착각했어요."

"그럼, 혼자 할 수 있겠어?"

"네."

"그럼 문제들을 다시 풀어보자. (내림하기를 설명하기 위해 사용했던 문제의 풀이는 제거한다.)"

세미는 앞에서 틀렸던 문제들을 다시 고쳐 풀었고 이후 문제들도 시간이 오래 걸리기는 했지만 모두 성공적으로 해결했다. 그리고 세미는 5문제 중 5문제 모두를 맞힐 수 있었다.

위와 같은 경우, 평가의 과정에서 학생과 교사 간의 역동적인 상호작용이 있었다. 교사와 학생의 상호작용 속에서 교사는 학생을 재지도하였고 학생은 재학습을 통해 뺄셈의 내림에 대한 자신의 개념을 수정하였다. 그리고 평가의 과제를 모두 맞혀서 (두 자릿수)-(한 자릿수) 연산을 할 수 있다는 목표에 도달했음을 보여주었다. 여기서 교사의 재지도와 이를 바탕으로 한 학생의 재학습 그리고 재평가가 모두 하나의 평가 활동으로서 실시된 것이다. 이로써 역동적 평가는 교수, 학습, 그리고 평가 활동의 경계가 명확하지 않다는 것을 알 수 있다. 평가를 하면서 동시에 교수와 학습이 실시되는 것이다. 즉 교수학습 평가가 모두 하나의 활동으로 융합되어 진행되고 교사는 평가를 바탕으로 학생에게 부족한 부분들을 더 효율적으로 지도할 수 있다.

앞서 말했듯이 과정 중심 평가의 핵심은 학생에 대한 실질적인 정보의 수집, 해석 그리고 이를 바탕으로 한 지원이다. 역동적 평가 속 교사와 학생의 역동적인 상호작용은 과정 중심 평가의 핵심을 실천하는 데 있어 효과적인 방법이 될 수 있다.

3. 역동적 평가의 유형

역동적 평가에는 다양한 유형들이 존재한다.

첫째, 상호작용 중심(Interactionist) 평가 모형이다. 상호작용 중심 평가 모형은 사전에 학생을 위한 지원의 종류와 양 그리고 학생이 도달해야 하는 목표를 결정하지 않고 상황마다 변화하는 교사와 학생 사이의 상호작용을 토대로 매 순간 최선의 지원을 유연하게 제공하고자 한다. 이를 위해 교사는 학생의 과제 수행 과정에 적극 참여하여 학생과 과제 수행 과정을 서로 공유하고 해석하며 이해해야 한다. 그리고 학생이 어려움을 마주할 때마다 협력적으로 상호작용함으로써 지원한다.

둘째, 중재 중심(Interventionist) 평가 모형이다. 상호작용 중심 평가 모형과는 달리 중재 중심 평가 모형은 학생이 과제의 수행 과정에서 마주치게 될 어려움을 예상하고 이에 따라 지원의 방법들을 사전에 계획하며 예상된 어려움이 나타날 때마다 계획된 지원을 제공하는 것이다. 중재 중심 평가에서 제공되는 지원은 단서의 제공, 안내 질문 그리고 과제 수행 시 장애의 제거와 같이 명시적 형태의 것들이다. 도달해야 하는 목표는 사전에 정해져야 하고 지원은 학생이 목표에 도달하는 속도에 기초하여 단계적으로 제공된다.

셋째, 중재 중심 샌드위치 모형이다. 중재 중심 샌드위치 모형은 사전 검사, 교수, 사후 검사의 3단계로 이루어진다. 교수가 사전 검사와 사후 검사 사이에서 실시되기 때문에 샌드위치 모형이라 불리는 이 모형은 우선 사전 검사가 모든 학생들에게 실시되고 그 결과에 따라 파악된 학습자의 요구에 맞춰 교수가 제공된다. 마지막으로 사전 검사에서 사용된 것과 같은 검사가 사후 검사에서 실시된다. 샌드위치 모형에서 교수는 개별 학생에게 맞춰 실시될 수 있고 집단에 초점을 두고 실시될 수도 있다.

넷째, 중재 중심 케이크 모형이다. 이 모형은 학생이 과제를 완수해나가는 과정에서 여러 수준의 지원들을 상황에 맞춰 제공하는 것이 케이크의 층과 같다고 하여 케이크 모형이라 불린다. 중재 중심 케이크 모형은 학생들에게 순서가 정해진 과제들을 제시하는데 학생들은 이전 단계의 과제를 성공적으로 수행하면 그다음 단계의 과제를 받게 된다. 이와 같은 과제 수행 과정에서 학생이 어려움을 만난 즉시 여러 수준의 필요한 지원을 제공하게 된다. 그래서 케이크 모형에서는 과제를 완수할 때까지 학생을 지원할 수 있도록 예상되는 어려움과 이에 따른 일련의 지원 계획이 사전에 수립되어야 한다. 학생들을 위한 도움은 점차 추상적, 간접적 그리고 암시적인 형태에서 점차 구체적, 직접적, 명시적인 형태로 지원된다. 교사는 과제 수행 과정에서 제공된 지원의 양과 형태를 해석하여 학생의 잠재적 발달 능력을 평가한다.

이처럼 역동적 평가에는 다양한 유형들이 있다. 역동적 평가의 다양한 유형들은 자세한 실천 내용에서는 다소 차이를 보일 수 있으나 다음 두 가지의 기본 원리들을 공통적으로 그 바탕에 두고 있다.

첫째, 근접발달영역을 중심으로 학생이 실제 수준에서 잠재적 발달 수준인 목표 수준으로 나아가는 과정을 평가한다. 둘째, 학생과 교사의 역동적 상호작용에 기초해 학생에 대한 정보를 수집, 해석하고 이를 바탕으로 학생의 성장과 발달을 지원한다. 즉 역동적 평가는 학생이 성장과 발달의 목표 수준에 도달할 때까지 상호작용을 통해 학생에 대한 정보를 수집, 해석하고 학생을 지원하는 활동들이 지속적이고 반복적으로 실시되는 것이다.

역동적 평가에서 지속적이고 반복적인 평가는 평가의 순환 과정을 만들어낸다. 평가의 순환 과정이란 현재 단계에서의 목표 수준이 다시 다음 단계에서의 실제 수준이 되고 이에 따라 현재 단계에서의 평가 결과가 다음 단계에서의 출발점이 되는 것을 의미한다. 평가의 순환 과정 속에서 평가 활동은 교수학습 활동과 선형적인 선후 관계

에서 벗어나 수시로 교대하며 역동적으로 전환된다. 이에 따라 교수
학습 활동과 평가 활동의 명확한 경계가 사라지고 교수학습 활동이
곧 평가 활동이며 평가 활동이 곧 교수학습 활동인 하나의 활동으로
융합되어 나타난다. 즉 교수학습 활동과 평가 활동으로 구분된 두 개
의 활동이 아닌 '교수학습평가 활동'이라는 하나의 활동이 된다.

　　위의 내용을 바탕으로 역동적 평가를 모형화하면 다음과 같다.

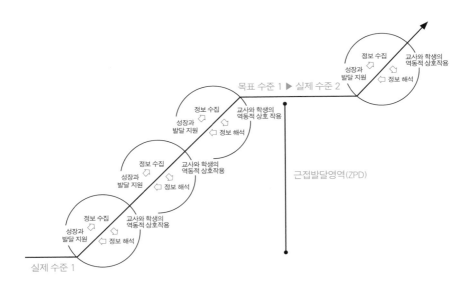

· 그림 1. 역동적 평가의 모형화 ·

4 역동적 평가의 과정

    역동적 평가는 기본적으로 학생의 정보를 수집, 해석하고 이를 바탕으로 학생의 성장과 발달을 위한 피드백을 제공하는 과정으로 실시된다. 피드백이란 학생의 어려움에 대한 직접적인 도움을 제공하는 지원과 어려움에 대한 전반적 정보의 제공까지를 포함하는 용어이다. 역동적 평가의 과정은 다음과 같다.

    첫째, 학생의 정보를 수집해야 한다. 정보의 수집은 학생에 대한 사실적 정보를 수집하는 활동을 의미한다. 정보의 수집은 '좁은 의미의 과정 중심 평가'와 '넓은 의미의 과정 중심 평가'로 구분하여 실시할 수 있다.

    '좁은 의미의 과정 중심 평가'란 앞서 말한 '과정'의 좁은 의미에 기초하여 실시되는 평가로 학생의 과제 수행 과정에 직접적으로 관련되는 정보를 수집하는 활동이라 할 수 있다. '넓은 의미의 과정 중심 평가'란 '과정'의 넓은 의미에 기초하여 실시되는 평가로 학생의 성장과 발달 전반에 대한 다시점 그리고 다방면의 정보를 수집하는 활동이라 할 수 있다. 정보 수집 활동의 내용은 〈표 2〉와 같다.

표 2. '좁은 의미의 과정 중심 평가'와 '넓은 의미의 과정 중심 평가'로 학생 정보 수집

영역	좁은 의미의 과정 중심 평가	넓은 의미의 과정 중심 평가
정보 수집 장면	• 학생의 과제 수행 장면	• 과제 시작 전, 학생의 과제 수행 중, 학생의 과제 완수 후를 비롯한 학생의 성장과 발달과 관련된 모든 장면
정보 수집 목적	• 학생의 과제 수행에서 직접적으로 확인되는 정보의 수집	• 학생의 성공적 과제 수행을 위해 필요한 전반적인 정보의 수집
정보 수집 대상	• 과제의 성공적인 수행 여부, 과제 수행 시 오류	• 학생의 학습 전과 후 학업적 수준 • 성격적 특성, 학생의 선호 • 가정 배경, 장애 여부, 교우 관계, 건강 상태
정보 수집 방법	• 학생의 과제 수행 관찰 • 학생과 교사의 과제 수행 과제 공유 • 과제 수행 후 추가 과제 제공(예 : 내림이 있는 뺄셈 연산을 하지 못할 경우 내림이 없는 뺄셈 연산을 추가적으로 제시하고 해결시킴으로써 내림이 있는 뺄셈 연산의 실패에 대한 원인 정보 수집)	• 진단 평가, 총괄 평가 • 전 담임교사 및 다른 교과 교사와 정보 공유 • 학생 및 학부모 상담 • 학교의 행정 정보(예 : 학생 복지와 관련된 지원 정보)

둘째, 수집된 학생의 정보를 해석해야 한다. 정보의 해석이란 수집한 정보의 의미를 찾아내는 이해 활동과 이를 바탕으로 학생에게 유의미한 자료로 만들어내는 가공 활동으로 이루어진다.

먼저 정보의 의미를 찾아내는 이해 활동을 살펴보면 다음과 같다. 학생 정보의 이해 활동 역시 '좁은 의미의 과정 중심 평가'와 '넓은 의미의 과정 중심 평가'로 구분하여 실시할 수 있으며 활동 내용은 〈표 3〉과 같다.

표 3. 학생의 정보 이해 활동

영역	좁은 의미의 과정 중심 평가	넓은 의미의 과정 중심 평가
이해 장면	• 학생의 과제 수행 장면	• 과제 시작 전, 학생의 과제 수행 중, 학생의 과제 완수 후를 비롯한 학생의 성장과 발달과 관련된 모든 장면
이해 목적	• 과제 수행 장면에서의 즉각적인 학생의 상태 이해 • 과제 수행 종료 후에 실시될 해석을 위해 필요한 추가적 정보 획득	• 성장과 발달 과정 전반에서 학생의 상태 이해
이해 대상	• 과제의 성공적인 수행 여부, 과제 오류의 유형, 과제 실패의 원인	• 학생의 학업 수준 변화 및 양상 • 학생의 성격적 특성이 과제 수행에 미치는 영향 • 학생의 선호가 과제 수행에 미치는 영향 • 가정 배경, 장애 여부, 교우 관계 그리고 건강 상태 등이 과제 수행에 미치는 영향

정보 이해 활동	• 학생의 과제 수행 과정을 학습 목표와 비교하여 현재 수행 수준 찾아내기 • 학생의 과제 수행 과정의 내용을 이전 학습 내용과 비교하여 변화 수준 찾아내기 • 과제 수행 과정에서 관찰되는 오류의 유형을 바탕으로 과제 수행 시 실패의 원인 찾아내기 • 과제 수행 시 학생의 태도와 행동의 이유를 직관적으로 찾아내기 • 학생의 태도와 행동이 과제 수행에 미치는 영향 찾아내기	• 학생의 과제 수행 결과를 학습 목표와 비교하여 수행 결과의 수준 찾아내기 • 학생의 과제 수행 결과의 내용을 이전 학습 내용과 비교하여 결과의 변화 모습 찾아내기 • 과제 수행 결과에서 관찰되는 오류의 유형을 바탕으로 과제 수행 시 실패의 원인 찾아내기 • 인지 및 정서적 특성이 학생의 과제 수행에 미치는 영향 찾아내기 • 다른 교사와의 협의 활동 그리고 학생 및 학부모 상담을 통해 과제의 결과에 영향을 미치는 요인 찾아내기
유의 사항	• 정보의 해석은 선수 학습 지식 및 기술 영역, 인지적 영역, 정의적 영역 그리고 오류의 유형 등과 같이 다양한 측면에서 실시되어야 함	

　　다음으로 학생 정보의 가공 활동으로서의 해석이다. 학생 정보를 가공한다는 말은 수집된 정보를 이해한 후 학생에게 필요한 피드백을 계획하는 활동이다. 역동적 평가에서 피드백은 학생에게 필요한 정보를 구체적인 실천 과제로 제시하는 것이다. 여기서 구체적인 실천 과제라 함은 학생의 현재 상태에 대한 일반적인 정보를 제공하는 것이 아닌 현재 상태를 확인하고 이후 더 많은 성장과 발달을 위해 실천해야 하는 과제들을 의미한다.

　　학생의 학습이라는 것이 독립된 개인의 활동이 아니라는 점을 전제할 때 피드백은 학습의 주체인 학생, 교수의 주체인 교사 및 교육 과정 그리고 이 모든 것이 이루어지는 환경의 세 가지 차원에서 계획 해야 한다. 피드백을 계획할 때 고려해야 하는 세 가지 차원에 대한 내용은 〈표 4〉와 같다.

표 4. 피드백 계획 시 고려해야 하는 세 가지 차원

차원	내용	예시
학생 (학습의 주체)	• 학생이 주체가 되어 현재의 상태를 확인하고 이후 이를 개선하거나 더 많이 성장과 발달하기 위해 실천해야 하는 추가적인 과제들을 계획하기	• 곱셈구구에 익숙하지 않아 두 자릿수의 곱셈 계산에서 어려움을 보이는 학생이 곱셈구구 연습을 할 수 있도록 추가적인 과제를 구성하고 제공하기 위한 계획 수립
교사 및 교육과정 (교수의 주체)	• 교사가 주체가 되어 현재 학생의 상태를 개선하거나 더 많이 성장·발달시키기 위해 실천해야 하는 추가적인 과제들을 계획하기	• 곱셈구구 연습을 추가적으로 해야 하는 학생을 위해 별도의 활동이나 곱셈구구 학습지를 만들어 제공할 수 있도록 계획 • 곱셈구구에 익숙하지 않은 학생을 위하여 곱셈구구 암기 전략을 개발하여 제공할 수 있도록 계획
	• 학생의 현재 상태를 개선하거나 더 많은 성장과 발달을 위하여 교육과정에서 장애물을 제거하기 위한 계획	• 6학년 수학 분수의 나눗셈과 관련된 내용에서 곱셈구구에 어려움이 있어 교과 내용을 이해하지 못할 경우 교과 수업 내에서 곱셈구구 학습에 초점을 맞춘 지도가 선행될 수 있도록 학습 목표의 수정 계획

환경	• 학생의 학습에서 장애물로 작용하는 환경적 요인들 제거하기 위한 계획	• 난독증 있는 학생의 경우 글을 읽어주는 스마트폰 앱을 사용하여 수학 문장제 문제를 해결할 수 있도록 계획

셋째, 역동적 평가 과정에서는 해석된 정보를 바탕으로 학생에게 피드백을 해야 한다. 역동적 평가 과정의 핵심은 평가가 성장과 발달의 종료, 즉 학습 과정의 종료만을 의미하는 것이 아니라 후속 과정의 출발점으로 연결된다는 것이다. 이 연속 과정의 연결고리가 피드백이다. 피드백은 평가의 결과에서 다시 학생의 학습 활동으로 이어지고 이후 정보 수집, 해석 그리고 다시 피드백으로 순환된다. 학생 정보의 수집과 해석을 통해 계획된 피드백은 조언, 추가적인 과제의 제시, 직접적인 도움, 학습 환경의 수정 그리고 학생 상담 등을 통해 전달될 수 있다.

피드백은 교사나 학생의 단독 활동이 아니다. 교사는 학생의 입장에서 피드백 내용의 수정이 필요하다면 이를 조정할 수 있다. 그리고 자신과 학생의 피드백 실천 여부에 대해 반드시 모니터링을 실시해야 하며 학생의 피드백 실천을 위한 여건을 마련해주어야 한다. 예를 들어 과제가 넘쳐나는 학생에게 추가 과제를 제공했다면 추가 과제를 해결할 수 있는 시간을 별도로 마련하여 주거나 아니면 다른 과제의 양을 조절해주어야 한다는 것이다.

5 역동적 평가의 기록

역동적 평가에서도 다른 여타 평가와 마찬가지로 평가를 기록하고 공유하는 것이 중요하다. 역동적 평가는 근접발달영역(ZPD)에서 학생의 변화를 평가한다. 이때 평가의 핵심은 주변의 능력이 있는 사람과의 협력을 통해 학생이 얼마나 변화해나가는지에 대해 확인하는 것이다. 따라서 역동적 평가의 기록은 학생의 협력에 대한 내용과 변화의 모습 및 수준에 대한 내용을 포함해야 한다. 그리고 역동적 평가의 기록은 교수학습 평가 활동 과제의 수행 과정에 대한 정보와 결과에 대한 정보를 기록할 필요가 있다. 역동적 평가의 주요 기록 내용은 다음과 같다.

1. 학생이 교수학습평가 과제를 완수하였는가?

1-1. 학생이 교수학습평가 과제를 독립적으로 완수하였는가?

1-2. 학생이 교수학습평가 과제를 교사의 지원을 바탕으로 완수하였는가? 그리고 어떤 지원을 제공하였는가?

1-3. 학생이 교수학습평가 과제를 교사와 공동 작업을 통해 완수하였는가?

2. 학생이 완수한 교수학습평가 과제는 이전 단계 수준(진단 평가의 결과, 이전 과제 활동의 결과)과 비교했을 때 얼마나 발전하였는가?

2-1. 학생이 교수학습평가 과제 수행 시 제공되는 지원의 양이 변화하였는가?

2-2. 학생이 교수학습평가 과제 수행 시 제공되는 지원의 종류가 변화하였는가?

2-3. 학생의 과제 완수 정도에 변화가 있는가?

2-4. 학생의 과제 수행 결과물에서 질적인 변화가 있는가?

역동적 평가의 기록은 성장과 발달의 고정된 결과로서 자료를 생성하는 것을 목적으로 하지 않는다. 학생의 성장과 발달의 모습을 지속적으로 확인함으로써 이에 대한 지원을 목적으로 한다. 따라서 과거의 기록은 현재의 기록으로 이어지고 현재의 기록은 다시 미래의 기록으로 이어지도록 해야 한다. 이는 학생의 학년 진급 또는 전학 등과 같은 사안들에서 교사들 간 평가 결과에 대한 적극적인 공유 활동이 반드시 필요함을 의미한다.

학생의 성장과 발달을 위한
효율적인 피드백의 계획부터 실행까지

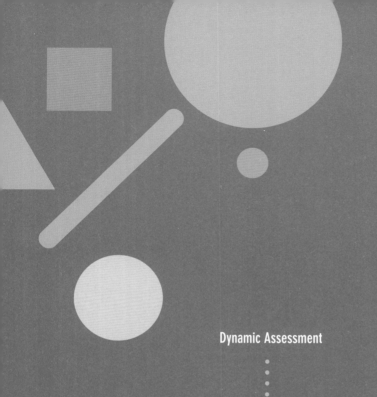

Dynamic Assessment

PART 3

과제 분석과
교수 적합화

역동적
평가
실천을 위한
과제 분석

역동적 평가를 실시하기 위해서는 교수학습 평가의 대상이 되는 중심 과제를 선정해야 한다. 교수학습 평가의 중심 과제란 학습 목표를 담고 있는 과제로서, 학생이 학습해야 하는 과제이자 곧 이에 대한 수행을 토대로 학생의 학습과 성장 및 발달의 수준을 평가하게 되는 평가 과제이다.

교수학습 평가 중심 과제를 수행하는 과정에서 교사는 학생과 상호작용을 하며 학생의 성장과 발달을 평가하고 지원한다. 이를 위해서 중심 과제 속 지식과 기능의 논리적 관계들을 따져야 한다. 다시 말해 중심 과제 속 지식과 기능의 위계 그리고 학습 방법의 위계와 같은 관계를 고려해야 한다. 이와 같은 교수학습 평가 중심 과제의 선정 그리고 과제 속 지식과 기능의 상세화 및 체계화를 위해 사용될 수 있는 효과적인 방법이 '과제 분석(task analysis)'이다.

과제 분석이란 학생이 학습하기를 기대하는 지식과 기능을 분석하여 표현하는 과정이다. 과제분석을 통해서 교사는 다음의 내용을 확인할 수 있다.

- 학습의 목적과 목표
- 학생들이 학습해야 하는 지식과 기술
- 교수학습 평가의 대상이 되는 중심 과제
- 교수학습평가의 중심 과제 속 지식(선언적 지식, 구조적 지식 그리고 절차적 지식)들과 기술
- 교수학습평가 중심 과제 속 지식들과 기능들의 상대적 중요도와 논리적 위계 그리고 이에 따른 학습의 우선순위
- 교수학습평가 중심 과제를 수행하는 단계
- 학습을 향상시킬 수 있는 교수 활동, 전략 그리고 기술들을 선택하고 설계하기 위한 방법
- 과제 수행을 평가하는 방법(학생의 과제 수행에 대해 수집해야 하는 정보와 이를 해석하는 방법)
- 적절한 교수학습평가의 자료와 환경

학생들의 성장과 발달을 위한 학습을 지원하기 위해서 교사는 학생이 학습해야 하는 과제의 속성을 정확히 이해해야 한다. 전통적인 교수법이든, 직접 교수법이든, 구성주의 교수법이든 어떤 교수를 설

계하든 학습 이후 학생이 보여야 하는 성장과 발달을 교사가 정확히 설명할 수 있어야 한다. 따라서 교사가 위와 같은 내용들을 확인할 수 있도록 하는 과제 분석은 교수학습평가 활동을 설계하는 데 있어서 매우 중요하다.

역동적 평가를 위한 과제 분석 단계로는 과제의 확인, 과제의 분해 그리고 수행 요인들의 순서화가 있다.

첫 번째, 과제의 확인은 교수학습평가의 대상이 되는 과제를 파악하는 것이다. 즉 교육과정 속 성취 기준, 핵심(교과) 역량 그리고 학생의 학습 계열을 고려하여 교수학습평가의 중심 과제를 선정하는 것이다.

두 번째, 과제의 분해는 과제를 위계적으로 분석하는 것이다. 위계적 분석이란 교수학습평가 중심 과제의 완수를 위해 학습 또는 수행해야 할 하위 지식 및 기능 그리고 이들 사이의 관계를 파악하는 것이다. 이때, 파악한 하위 지식 및 기능은 중심 과제의 완수를 위해 반드시 학습하고 수행해야 하는 요인들이다. 수행 요인들은 중심 과제 수행의 과정을 분석하는 관점이 되고 수행 요인들 사이의 논리적 선후 관계는 교수학습평가 활동의 진도를 계획하는 데 기준이 된다.

세 번째, 수행 요인들의 순서화는 수행 요인들 사이의 상하 관계 그리고 과제 수행 시 선후 관계에 따라 어떤 핵심 요인들에 대한 학습과 수행을 먼저 할 것인지 결정하는 것이다. 즉 교수학습 평가 중

심 과제를 수행해나가는 단계들을 정렬하는 것이다. 다음에는 교과
별 과제 분석 사례를 살펴보겠다.

2 국어 교과
과제
분석의
예

국어 교과를 바탕으로 과제 분석의 단계별 내용을 살펴보면 다음과 같다.

첫째, 과제 확인의 단계에서는 교수학습평가의 중심 과제를 선정해야 한다. 국어 교과에서 과제 확인의 예를 2015 개정 교육과정 초등학교 5학년 국어 읽기 영역 성취 기준을 통해 살펴보고자 한다.

[6국02-02] 글의 구조를 고려하여 글 전체의 내용을 요약한다.

[6국02-02] 성취 기준의 내용에 따라 글의 내용을 요약하는 활동을 해야 함을 알 수 있다. 여기서 말하는 요약하기는 단순히 글의 분량을 줄이는 활동이 아닌 글의 구조에 맞춰 중요한 내용을 찾아내

는 활동이다. 따라서 [6국02-02] 성취 기준만을 바탕으로 교수학습 평가 중심 과제를 선정한다면 '구조에 따라 글 요약하기'가 될 수 있다.

이어서 성취 기준과 관련된 교과 역량을 살펴보면, 자료와 정보의 활용 역량이다. 자료와 정보의 활용 역량은 목적에 맞춰 지식과 정보를 찾아 활용하는 역량이다. 따라서 성취 기준을 바탕으로 선정된 '구조에 따라 글 요약하기'는 '자신의 목적에 맞춰 글을 선택하여 읽고 구조에 따라 요약하기'로 정교화될 수 있다.

다음으로 학생들의 학습 계열을 확인해야 한다. 학생들의 학습 계열은 교육과정에서 제시한 내용 체계표 그리고 교과용 도서(교과서와 교사용 지도서를 포함)의 관련 단원 내용과 단원의 계열을 참고할 수 있다. 특히 교과용 도서의 경우 내용을 구체적으로 제시하고 있어 학습의 계열을 파악하는 데 좀 더 편리하게 사용될 수 있다. 학생들의 학습 계열을 확인한 예는 다음과 같다.

'본 학습 내용'에서 학생은 글의 구조를 알고 내용을 요약하는 활

동을 해야 한다. 그리고 이전 단계에서 설명하는 글, 이야기 글 그리고 설득하는 글의 내용을 간추리는 활동을 했으므로 글 속의 중요한 내용이 무엇인지에 대해 이미 학습했음을 알 수 있다. 이상의 내용을 바탕으로 [6국02-02] 성취 기준에 기초한 교수학습평가 중심 과제를 간단히 표현하면 '자신이 선택한 글을 읽고 요약하기'가 될 수 있다.

둘째, 과제의 분해 단계에서는 '자신이 선택한 글을 읽고 요약하기'를 완수하는 데 필요한 핵심적인 지식과 기능을 위계적으로 분석해야 한다. 이를 위해 가장 효과적인 방법은 마인드맵이다. 마인드맵을 활용하면 중심 과제와 관련된 하위 지식과 기능 그리고 이들 사이의 관계를 분석할 수 있다. 마인드맵을 사용하여 위계적 분석을 실시한 내용은 〈그림 2〉와 같다.

위계적 분석을 통하여 '자신이 선택한 글을 읽고 요약하기'라는 과제를 수행 시 필요한 수행 요인들과 이들 사이의 관계를 확인할 수 있다. '자신이 선택한 글을 읽고 요약하기'를 성공적으로 완수하기 위해서는 지식적인 측면에서는 크게 '글의 종류별 목적', '글의 구조' 그리고 '요약하는 방법'에 대한 학습이 이루어져야 하고 기능적인 측면에서는 크게 '글을 읽고 내용 요약하기' 활동이 이루어져야 한다.

셋째, 수행 요인들의 순서화이다. 여기서 분석된 수행 요인들의 선후 관계를 결정하고 정렬해야 한다. 다음에 나오는 〈그림 2〉의 내용을 보면 크게 지식과 이를 실천하는 기능으로 수행 요인들이 구분

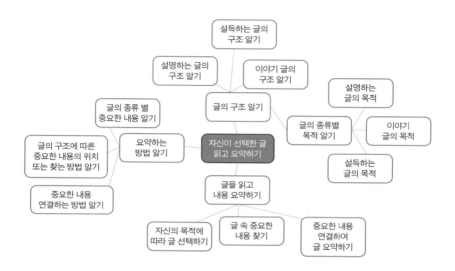

• 그림 2. 마인드맵을 활용한 '자신이 선택한 글을 읽고 요약하기' 과제의 위계적 분석 •

된다. 그리고 지식에 대한 학습은 기능으로 실천하는 것에 선행되어야 한다. 따라서 1차로 설정된 선후 관계는 다음과 같다.

선 글의 종류별 목적 알기, 글의 구조 알기, 요약하는 방법 알기
후 글을 읽고 내용 요약하기

같은 선행 활동으로 설정된 '글의 종류별 목적 알기', '글의 구조 알기' 그리고 '요약하는 방법 알기'를 살펴보면 '글의 종류별 목적 알

기'는 '글의 구조 알기' 그리고 '요약하는 방법 알기'와 논리적인 선후 관계를 확인하기가 쉽지 않지만 글의 종류별 목적에 대한 지식이 글을 선택하는 데 가장 우선되는 지식이므로 '글의 종류별 목적 알기' 학습이 가장 먼저 이루어져야 한다. 그리고 '글의 구조 알기'와 '요약하는 방법 알기'에서는 글의 구조를 학습하는 것이 글을 요약하는 방법을 이해하는 데 도움을 제공할 수 있으므로 '글의 구조 알기'가 먼저 학습되어야 한다. 이와 같은 선후 관계에 대한 분석을 바탕으로 설정된 2차 선후 관계는 다음과 같다.

선1 글의 종류별 목적 알기
선2 글의 구조 알기
선3 요약하는 방법 알기
후1 글을 읽고 내용 요약하기

그리고 설정한 수행 요인들의 하위 내용들까지 고려하여 구성한 선후 관계는 〈표 5〉와 같다.

표 5. 과제 분석을 통해 설정된 수행 요인들의 선후 관계

선 1	글의 종류별 목적 알기	• 설명하는 글의 목적 알기 • 설득하는 글의 목적 알기 • 이야기 글의 목적 알기

선 2	글의 구조 알기	• 설명하는 글의 구조 알기 • 설득하는 글의 구조 알기 • 이야기 글의 구조 알기
선 3	요약하는 방법 알기	• 글의 종류별 중요한 내용 알기 • 글의 구조에 따른 중요한 내용의 위치 또는 찾는 방법 알기 • 중요한 내용 연결하는 방법 알기
후 1	글을 읽고 내용 요약하기	• 자신의 목적에 따라 글 선택하기 • 글 속 중요한 내용 찾기 • 중요한 내용 연결하여 글 요약하기

　　수행 요인들의 선후 관계는 곧 교수학습평가 활동 진행의 기본 순서가 된다. 수행 요인들의 선후 관계를 바탕으로 교수학습평가 활동의 진도를 계획하면 〈표 6〉과 같다. 이때 차시를 고려하여 수행 요인들끼리 통합하거나 또는 수행 요인을 분리하여 진도에 편성할 수 있다. 이와 같은 수행 요인들은 교수학습평가의 중심 과제를 성공적으로 완수하기 위해 학생이 반드시 수행해야 하는, 그리고 평가되어야 하는 내용이 된다.

표 6. 과제 분석을 통해 계획한 교수학습평가의 진도 계획

차시	교수학습평가 활동 내용	비고
1차시	설명하는 글, 설득하는 글 그리고 이야기 글의 목적 알기	

2차시	설명하는 글, 설득하는 글 그리고 이야기 글의 구조 알기	
3차시	설명하는 글, 설득하는 글 그리고 이야기 글의 구조 알기	
4차시	글의 구조에 따른 중요한 내용의 위치 또는 찾는 방법 알기	'글의 종류별 중요한 내용 알기'는 이전 내용에서 학습하여 본 수업에 편성을 하지 않음
5차시	글의 구조에 따른 중요한 내용의 위치 또는 찾는 방법 알기	
6차시	중요한 내용 연결하는 방법 알기	
7차시	자신의 목적에 따라 글 선택하기	
8차시	글 속 중요한 내용 찾기	
9차시	중요한 내용 연결하여 글 요약하기	

3 수학 교과 과제 분석의 예

수학 교과를 바탕으로 과제분석의 단계별 내용을 살펴보면 다음과 같다.

첫째, 과제 확인의 단계에서는 교수학습평가의 중심 과제를 선정해야 한다. 수학 교과에서 과제 확인의 예는 다음과 같다. 예에서 사용한 성취 기준은 2015 개정 교육과정 초등학교 3학년 수학 '수와 연산 영역'의 내용이다.

> **[4수01-05] 곱하는 수가 한 자릿수 또는 두 자릿수인 곱셈의 계산 원리를 이해하고 그 계산을 할 수 있다.**

[4수01-05] 성취 기준의 내용은 (두 자릿수)×(두 자릿수)의 연산

활동하기를 최종 목적으로 분석될 수 있다. 곱셈에서는 동일한 (두 자릿수)×(두 자릿수) 연산 활동이라도 올림의 횟수에 따라 그 수준에 차이가 생긴다. (두 자릿수)×(두 자릿수) 연산 활동의 최고 수준은 올림이 여러 번 있는 곱셈 연산을 성공적으로 수행하는 것이라고 할 수 있다. 따라서 [4수01-05] 성취 기준을 바탕으로 교수학습평가 중심 과제를 선정한다면 '올림이 여러 번 있는 (두 자릿수)×(두 자릿수) 계산하기'가 되어야 한다.

수학 교과에서 수와 연산 영역은 도구적 성격이 강한 지식과 기능을 포함하고 있어 이를 활용해 다양한 활동을 구성할 수 있다. 수학 교과용 도서의 내용들을 살펴봐도 특정 교과 역량 하나만을 배정하는 것이 아니라 '(두 자릿수)×(두 자릿수) 계산'을 활용해 다양한 연산 관련 문제 해결 활동들을 구성하고 그 내용과 성격에 따라 교과 역량을 배치하였다. 따라서 '올림이 여러 번 있는 (두 자릿수)×(두 자릿수) 계산하기'에서는 과제 분석 단계에 앞서 구체적인 수업 활동을 계획할 때 역량을 고려해서 반영하는 것이 효과적이라고 생각한다.

다음으로 학생들의 학습 계열을 확인해야 한다. 학생들의 학습 계열은 국어 교과와 마찬가지로 교육과정에서 제시한 내용 체계표 그리고 교과용 도서의 관련 단원 내용과 단원의 계열을 참고할 수 있다. 특히 교과용 도서의 경우 내용을 구체적으로 제시하고 있어 학습의 계열을 파악하는 데 좀 더 편리하게 사용될 수 있다. 학생들의 학습 계열을 확인한 예는 다음과 같다. '본 학습 내용'에서 학생은 '올림이 여러 번 있는 (두 자릿수)×(두 자릿수) 계산하기' 활동을 해야 한다. 그리고 이전 단계에서 '(두 자릿수)×(한 자릿수) 계산하기' 활동을 하였으므로 곱셈에서 연산의 순서, 올림의 의미와 방법 그리고 연산 결과를 자릿값에 맞춰 적는 방법에 대한 선수 학습 지식과 기술을 갖추고 있을 것으로 확인된다.

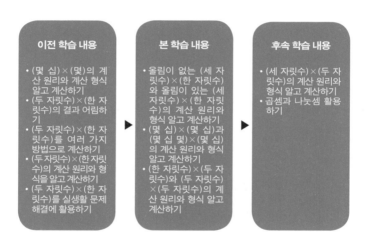

이상의 내용을 바탕으로 [4수01-05] 성취 기준에 기초한 교수학습평가 중심 과제는 '올림이 여러 번 있는 (두 자릿수)×(두 자릿수) 계산하기' 활동으로 선정될 수 있다.

둘째, 과제의 분해 단계에서는 '올림이 여러 번 있는 (두 자릿수)×(두 자릿수) 계산하기'를 성공적으로 수행하는 데 필요한 핵심적

과정 중심 평가
역동적 평가로 실천하기

인 지식과 기능을 위계적으로 분석하는 것이다. 수학에서는 국어와 달리 지식과 기능의 위계적인 성격이 매우 강하다. 따라서 국어 교과에서 사용한 마인드맵보다 최종 목표가 되는 교수학습평가의 중심 과제인 '올림이 여러 번 있는 (두 자릿수)×(두 자릿수) 계산하기'에서부터 이를 성공적으로 수행하기 위해 미리 학습해야 선행 과제들을 역방향으로 분석해나가는 역방향 진행법이 편리하다. 역방향 진행법은 최종 목표를 기준으로 하여 이전 단계에서 학습해야 하는 지식과 기능을 찾아가는 방법이다. 역방향 진행법을 활용하여 선행 과제들을 분석한 내용은 〈그림 3〉과 같다.

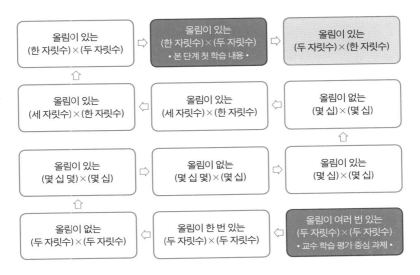

• 그림 3. 역방향 진행법을 활용한 '올림이 여러 번 있는
(두 자릿수)×(두 자릿수) 계산하기' 과제의 위계적 분석 •

이후 역방향 진행법을 통하여 분석된 선행 과제들을 살펴 이를 수행할 때 반복적으로 적용되는 지식과 기술을 확인한다. 이때 이 지식과 기능이 수행 요인들이 된다. '올림이 여러 번 있는 (두 자릿수)×(두 자릿수) 계산하기' 이전 수행해야 하는 과제들에 반복적으로 적용되는 지식과 기술로는 가장 먼저 눈에 띄는 곱셈에서 올림의 방법, 곱셈구구, 곱셈 결과의 자릿값 그리고 여러 자릿수 곱셈의 계산 절차가 있다. 이와 같은 지식과 기능들이 '올림이 여러 번 있는 (두 자릿수)×(두 자릿수) 계산하기'의 수행 요인들이 된다.

셋째, 수행 요인들의 순서화이다. 분석된 수행 요인들을 고려해 선행 과제들의 선후 관계를 결정하고 정렬해야 한다. 〈그림 3〉의 내용을 보면 이미 수행 요인들 간의 선후 관계가 설정되어 있다. 다만, '올림이 있는 (두 자릿수)×(한 자릿수)'의 경우 이전 단계에서 학습한 내용이므로 '본 학습 내용'에서 일단 포함하지 않고 추후 필요할 경우 추가한다. 위계적 과제 분석을 통해 설정된 수행 요인들의 선후 관계는 곧 교수학습평가 활동 진행의 기본 순서가 된다. 수행 요인들의 선후 관계를 바탕으로 교수학습평가 활동의 진도를 계획하면 〈표 7〉과 같다. 이때 차시를 고려하여 수행 요인들끼리 통합하거나 또는 수행 요인을 분리하여 진도에 편성할 수 있다. 이와 같은 수행 요인들은 교수학습평가의 중심 과제를 성공적으로 완수하기 위하여 학생이 반드시 수행해야 하는 그리고 평가되어야 하는 내용이 된다.

표 7. 과제 분석을 통해 계획한 교수학습평가의 진도 계획

차시	교수학습평가 활동 내용
1차시	(한 자릿수) × (두 자릿수) 연산하기
2차시	(세 자릿수) × (한 자릿수) 연산하기
3차시	올림이 없는 (몇 십) × (몇 십) 연산하기
4차시	올림이 있는 (몇 십) × (몇 십) 연산하기
5차시	(몇 십 몇) × (몇 십) 연산하기
6차시	올림이 없는 (두 자릿수) × (두 자릿수) 연산하기
7차시	올림이 한 번 있는 (두 자릿수) × (두 자릿수) 연산하기
8차시	올림이 여러 번 있는 (두 자릿수) × (두 자릿수) 연산하기

　　과제 분석은 교수학습평가의 중심 과제를 선정하고 중심 과제와 관련된 지식과 기능들의 관계들을 파악하는 데 그 목적이 있다. 따라서 정해진 정답이 있는 것은 아니다. 교사들은 자신의 교수 방법, 교수 경험 그리고 교과에 대한 전문 지식을 바탕으로 교수학습평가의 중심 과제를 수행하는 데 가장 필요하고 타당하다고 판단되는 지식과 기능들을 분석하면 된다.

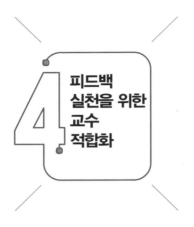

4 피드백
실천을 위한
교수
적합화

　역동적 평가에서 피드백은 매우 중요하다. 현재 학교 현장에서 실시되는 피드백의 한계를 극복하고 효과적인 방안으로 제시될 수 있는 것이 '교수 적합화(instructional adaptation)'이다.

　학교 현장에서 이루어지는 평가 후 피드백은 대부분 학생의 수준을 제시하고 학생이 개인적으로 해나가야 하는 과제들을 제공하는 정도의 학생 차원에서만 진행되었다. 그러나 학습은 학생의 독립적인 활동이 아니라 학생과 교사가 교육에 적합한 환경 속에서 상호작용하며 이루어지는 활동이다. 이러한 점에서 피드백은 학생, 교사와 교육과정 그리고 환경의 세 가지 차원에서 제공되어야 한다. 교수 적합화는 이 세 가지 차원을 고려한 효과적인 피드백 방법이다.

　교수 적합화는 특수교육에서 처음 도입된 용어로, 학생이 최적의 수준으로 학습해나갈 수 있도록 학생과 교사, 교육과정 그리고 환경의 차원에서 학습과 관련된 요인들을 개인에게 가장 적합한 상태로 '수정(modification)' 및 '조절(accommodation)'하는 것을 의미한다.

교수 적합화의 '수정'은 교육과정에서 목표와 내용을 수정하여 학생의 학습 속도와 수준에 적합한 교수학습 활동을 제공하는 것이다. 학습 속도와 수준이 다양한 학생들이 함께 학습하는 교실에서 개별적 학생의 학습 속도와 수준에 맞춰 교수학습을 진행해야 한다는 점에서 중요한 개념이다.

교수 적합화의 '조절'은 '수정'과 같이 교육과정의 목표와 내용을 적극적으로 변화시키는 것이 아니라 학습하는 데 있어 학생의 어려움을 파악하고 극복할 수 있도록 다양한 지원을 하는 것이다. 교수 적합화를 통한 학생과 교사, 교육과정 그리고 환경의 세 가지 차원에서 제공될 수 있는 피드백의 예시는 〈표 8〉과 같다.

표 8. 교수 적합화의 영역과 피드백의 예시

영역	피드백 내용
학생 차원	• 학생의 수준에 대한 확인적 정보 제공하기 • 학생에게 추가적인 실천 과제 제시하기

교수 차원	교사	**교수 내용** • 학생의 개인차를 반영하여 수업의 속도 조정하기 • 주요 학습 내용을 요약하여 정리한 자료 제공하기 • 학생의 특성을 반영한 대안적 교육 활동 및 자료 제공하기 **교수 방법** • 필요한 학습 전략 가르치기 • 학습 내용 제시 방법의 다양화 • 다양한 교육 수단 및 기자재 활용하기 • 학생의 과제 수행 단계에 따른 피드백을 지속적으로 제공하기 • 학생의 학습 내용 및 과정을 예고하기 • 수업의 핵심 내용을 반복적으로 지도하기 • 학생의 반응을 고려하여 구체적인 질문을 적극적으로 하기 • 학생의 수준을 고려하여 개별화된 학습 단서를 제공하기 • 교수 내용을 작게 나누어 계열에 따라 순서대로 제시하기 • 해당 학생만을 위한 보상 체계를 마련하고 제공하기 • 학생 특성에 맞춘 다양한 교수 방법 활용(예 : 직접 교수, 탐구 학습 모형, 협력 학습, 또래 교수, 협력 교수 등을 적절히 활용) **평가** • 학생의 개인차를 고려하여 문제의 설명을 간단하고 명확하게 제시하기 • 문제 해결에 많은 여백이 필요하므로 한 지면에 너무 많은 문제를 제시하지 않기 • 문제에 대한 설명을 할 때 핵심적인 내용을 강조하여 표시하기 • 평가 문항에 대한 이해를 돕기 위해 추가적 설명과 예시 자료 제공하기 • 학생의 수준에 따라 평가 문항 수 줄여주기 • 학생의 수준에 따라 평가 문항의 형태를 바꿔주기(선다형에서 진위형 등으로) • 평가 문항에 어려운 단어가 있을 경우 자세하게 설명해주기 • 평가 문항 제시 방법의 다양화 • 평가 중간에 개별적인 피드백을 제공하기 • 평가에 필요한 학습 보조 도구 제공하기(예 : 계산기) **부적절한 행동 관리** • 해당 학생이 보여주는 부정적 행동을 관리하기 위한 행동 수정 방법 사용하기(정적 강화, 부적 강화 적용하기)

교수 차원	교육 과정	**교수 내용** • 학생의 수준에 맞춰 학습 목표의 수정 • 학년 교육과정 계획을 수립할 때 미리 해당 학생을 파악하여 고려 할 내용 반영하기 • 학생에게 꼭 필요한 핵심 내용을 중심으로 학습 내용 단순화하기 **평가** • 학생의 상태에 따라 별도의 평가 준거를 마련하기
	환경 차원	**심리사회적 환경** • 수용적 교실 환경 조성하기 • 학생에 대한 긍정적 기대 수준을 마련하고 공유하기 • 학생의 흥미와 장점을 파악하기 • 학급 및 학교 행사 활동에 적극적으로 참여시키기 • 발표 기회를 많이 제공하고 실수를 두려워하지 않는 학급 분위기 조성하기 **물리적 환경** • 집중에 어려움을 느끼는 학생은 교사와 가까운 자리에 좌석 배치하기 • 학생의 주의를 산만하게 만드는 요소들은 제거하기 • 학생의 체형에 맞는 책상과 의자를 사용하기 • 집중력이 부족한 학생의 주변을 정리 정돈하기 • 학생의 개인차를 고려하여 과제 수행 시간을 추가적으로 제공하기 • 학생의 특성에 따른 좌석 배치의 유동적 구성 • 학생의 수준에 따라 평가의 시간과 기간을 늘려주기 **협력적 환경 구성** • 해당 학생의 상태에 따라 특수교사와 담임교사 그리고 관리자와 학 부모가 교과 수업 및 생활지도에 대해 협력하기 • 해당 학생의 상태에 따라 전문 연구기관의 전문가들과 담임교사가 서로 정보를 교환하며 협력하기

교수 적합화의 개념은 학생 차원에서 초점을 맞추어 실시되던 피

드백의 영역을 확장시킨다. 그리고 학생 차원, 교수 차원, 환경 차원을 동시에 고려함으로써 학생의 성장과 발달에 실질적인 지원을 가능하게 한다.

교수
적합화를
위한
효과적인
교수법

역동적 평가의 피드백으로서 교수 적합화 방안들 중 교수 방법에 대한 내용은 교사 차원에서 가장 중요한 것이다. 학생들이 과제의 수행 과정과 결과에서 많이 보이는 문제들을 중심으로 효과적인 교수 방법의 예들에 대해 살펴보는 것은 현장 교사들의 교수 방법을 개선하는 데 도움이 될 수 있다. 그리고 교사가 다양한 상황에서 학생들을 지원할 수 있는 효과적인 교수 방법을 보유할 수 있도록 해준다.

여러 교과 영역들 중 가장 중요한 읽기, 쓰기 그리고 수와 연산 영역을 중심으로 많이 나타나는 문제들과 이에 따른 교수 방법들을 살펴보면 다음과 같다.

국어 교과에서의 주요 문제와 과제 수행 전략

읽기 영역의 문제들로는 단어 음독의 문제, 읽기 유창성의 문제, 어휘의 문제 그리고 읽기 이해의 문제 등이 있다. 읽기 영역의 문제들 중 첫 번째는 단어 음독의 문제다. 단어 음독은 단어를 빠르게 소리 내어 읽는 능력이다. 음독이 되지 않으면 단어를 구어로 바꿀 수 없고 읽기 자체가 불가능해진다. 학생의 단어 음독 능력을 향상시키기 위한 방법으로는 음철법(파닉스 : phonics instruction) 교수가 있다. 음철법 교수는 학생에게 낱자와 소리의 대응 관계를 가르쳐 단어를 읽을 수 있도록 해주는 것이다. 음철법 교수의 사례는 다음과 같다.

교사 : (ㄱ과 ㅏ가 적힌 낱자 카드를 활용하여 칠판에 '가'를 만들어 보여준다.) 여러분 이 단어는 어떻게 읽을까요? ('가'의 ㄱ과 ㅏ의 간격을 점점 넓혀가며 소리를 분리하면서) 여러분, 선생님의 소리를 잘 들어보세요. '가 → ㄱ ㅏ → ㄱ   ㅏ' (ㄱ을 보여주며) 이 글자의 소리는 무엇일까요? (ㅏ를 보여주며) 이 글자의 소리는 무엇일까요? (ㄱ과 ㅏ의 간격을 점점 좁혀가며 소리를 결합하면서) 여러분, 선생님의 소리를 잘 들어보세요. 'ㄱ   ㅏ → ㄱ ㅏ → 가' (칠판에 카드를 활용하여 '가'를 만들어놓은 후) 여러분 ㄱ과 ㅏ가 합쳐져서 어떤 낱말이 되었나요?

두 번째 문제는 읽기 유창성 문제다. 읽기 유창성은 글을 빠르고 정확하게 읽어내는 능력이다. 읽기를 유창하게 하지 못하는 학생은 글을 해독하는 데 많은 인지적 용량을 사용하게 된다. 이로 인해 읽기 이해를 위한 인지적인 용량은 상대적으로 부족하게 되고 글을 이해하는 데 어려움을 겪게 된다. 읽기 유창성 향상을 위해서는 학생이 흥미를 가지고 있는 주제에 대한 글을 활용하여 반복 읽기 연습을 하면 효과적이다. 이때 글의 수준은 학생이 90% 정도의 정확성을 가지고 읽을 수 있는 것이면 좋다. 학생이 잘못 읽는 부분에 대해서는 '다시 읽어보자', '(기다린 후 학생이 고쳐서 다시 읽었을 경우) 잘했어. 계속 읽어볼까?', '(기다린 후 학생이 고쳐서 다시 읽지 못했을 경우, 올바른 읽기에 대한 시범을 보인 후) 다시 읽어볼까?'와 같은 발문을 활용하여 체계적으로 오류를 교정할 수 있도록 한다. 또한 수업 시간에 다룰 지문에 대해 미리 연습할 기회를 제공함으로써 학생이 수업 활동에 소외되는 것을 예방하도록 한다.

세 번째 문제는 어휘의 문제다. 어휘는 단어가 모여서 이루어진 지식 체계이다. 어휘가 부족하면 학생이 글을 읽더라도 이해하는 데 제한이 생긴다. 따라서 풍부한 어휘를 가르치는 것은 글을 읽고 이해하는 데 매우 중요하다. 어휘 교수는 목표 어휘들을 직접적으로 가르치는 직접 교수 방법과 다양한 읽기 활동들에 학생을 노출시킴으로써 학생이 어휘를 습득하게 하는 간접 교수 방법으로 실시할 수 있다.

네 번째 문제는 읽기 이해의 문제다. 읽기 이해는 학생이 읽은 글의 내용을 자신의 배경지식과 연결해가며 의미를 구성하는 읽기의 최종 목표이다. 읽기 이해 지도를 위한 대표적인 방법으로 글을 읽고 요약하기 활동을 통한 지도가 있다. 글을 읽고 요약하기 활동에서 학생들에게 무작정 글을 읽히고 간추리도록 시키는 것보다 글을 요약하는 데 효과적인 전략을 먼저 가르칠 필요가 있다. 글을 요약하는 효과적인 전략의 기본 원리는 '글의 종류에 따른 중요 내용의 종류 가르치기(예 : 주장하는 글에서 주장과 근거), 글의 종류에 따른 구조 가르치기, 글의 구조에 따른 중요 내용의 물리적 위치 가르치기, 중요 내용을 합쳐 전체 내용 간추리기'와 같다.

쓰기 영역의 문제들로는 철자 문제 그리고 작문 문제 등이 있다. 쓰기 영역의 첫 번째 문제는 철자 문제다. 철자는 단어를 맞춤법에 맞춰 정확하게 적을 수 있는 능력이다. 한글은 기본적으로 소리 나는 대로 적지만 상황에 따라 소리와 단어가 완벽히 일치하지 않아 맞춤법을 고려해 적어야 하는 경우가 있다(예 : 맛있다 / 마신따). 이에 따른 철자 교수는 소리에 기초한 쓰기 단계와 맞춤법에 기초하여 쓰기 단계로 이루어질 수 있다. 소리에 기초하여 쓰기 단계에서는 낱자와 소리의 관계를 가르치고 이를 바탕으로 글을 쓰도록 교수한다. 'ㄱ'의 소리 'ㄱ'과 'ㅏ'의 소리 'ㅏ'를 가르친 후 '가'를 쓰도록 하는 것이다. 맞춤법에 기초하여 쓰기 단계에서는 학생이 자주 보이는 맞춤법 오류를 중심으로 철자 쓰기를 지도한다. 학생들이 자주 보이는 맞춤법 오류의 예로는 단어들을 소리 나는 대로 적는 것이다. 예를 들어 '물음'을 '무름'으로 적는 오류이다. 이와 같은 경우에는 '물음'과 같이 연음법칙이 사용되는 '걸음, 얼음, 웃음'과 같은 단어들을 예로 들어 주며 음운 변동 규칙에 대해 쉽게 설명함으로써 오류를 교정한다. 그리고 같은 소리의 낱자로 적는 오류가 있다. 예를 들어 '같다'를 '간다'로 적는 오류이다. 이와 같은 경우에는 오류가 생길 때마다 올바른 단어에 대해 반복 지도를 통해 교정한다.

쓰기 영역의 두 번째 문제는 작문 문제다. 작문은 자신의 생각을 글로 표현하는 것으로 쓰기의 궁극적인 목표이다. 작문에서 학생들이 많이 보이는 문제들로는 불완전한 문장의 사용, 목적에서 벗어난 내용, 풍부하지 않은 내용 그리고 일관성 없는 내용 등이 있다. 불완전한 문장의 사용을 살펴보면 학생들은 글쓰기에서 '주어'와 '서술어'로 완성되는 문장을 사용하는 것이 아니라 '잠자리는 곤충'과 같은 표현을 사용하거나 여러 문장들을 연결하여 사용하는 경우가 많다. 이와 같은 경우 문장의 형태에 대한 내용을 지도하고 글을 최종 검토할 때 문장 속에 '주어'와 '서술어'가 있는지에 대해 확인할 수 있도록 안내하고 지도한다. 그리고 여러 문장들을 이어 쓴 표현에서는 이어진 부분을 기준으로 문장을 잘라 표현할 수 있도록 지도한다. 작문에서 학생들이 보이는 문제들 중 목적에서 벗어난 내용, 풍부하지 않은 내용 그리고 일관성 없는 내용과 같은 것들은 글쓰기 전반에 대한 절차를 전략으로 만들어 교수함으로써 지원할 수 있다. 글쓰기를 위해 다음과 같이 '어떤 생각 쓰고 다시 보고'와 같은 과제 수행 전략을 만들어 교수할 수 있다.

어떤 : **어떤** 생각들을 쓸지 찾아라.
생각 : **생각**들을 조직하여 개요를 완성해라.
쓰고 : 글로 **쓰고** 내용을 더 추가해라.
다시 보고 : **다시 보고** 틀린 것은 고쳐라.

수학 교과에서의 주요 문제와 과제 수행 전략

수와 연산 영역의 문제들로는 수 감각의 문제, 사칙연산의 문제 그리고 문장제 문제 해결의 문제 등이 있다. 수와 연산 영역의 첫 번째 문제는 수 감각의 문제다. 수 감각은 수에 대한 기본적인 감각으로 수가 의미하는 것이 무엇인지 이해하고 이를 바탕으로 수 정보를 머릿속에서 조작할 수 있는 능력이다. 예를 들어 2와 9 중 어느 것이 더 큰지 그리고 7은 1과 8 중 어느 쪽에 더 가까이 있는지를 판단하거나 사물의 수를 어림할 수 있는 능력과 같은 것이 있다. 수 감각은 수와 연산에 중요한 요인으로 최근에는 수학 학습 장애의 원인을 수 감각으로 설명한다. 수 감각을 증진시키기 위한 활동으로 수를 순서대로 세기, 거꾸로 세기 그리고 뛰어 세기 등과 같이 다양한 방법으로 수 세기, 주어진 수만큼 뛰어 세기, 수직선에서 주어진 수를 기준으로 수들 사이 거리를 비교하기, 다양한 사물의 수를 어림하여 비교하기, 암산 활동 등이 있다. 수 감각을 교수하는 방법의 예로, 수직선에서 주어진 수를 기준으로 수들 사이 거리를 비교하는 활동을 살펴보면 다음과 같다.

교사 : (그림과 같은 수직선을 보여주며) 수직선에서 4를 기준을 했을 때 1과 5 중에서 어떤 수가 4에 더 가까이 있을까요?

(수직선을 보며 가까운 수 찾기 활동이 익숙해지면) 머릿속에 1부터 10까지 있는 수직선을 떠올려봅시다. 7을 기준으로 했을 때 2와 10 중에 어떤 수가 7에 가까이 있을까요?

두 번째로는 사칙연산의 문제가 있다. 사칙연산은 수학에서 가장 기초적인 지식과 기능으로 덧셈, 뺄셈, 곱셈 그리고 나눗셈으로 이루어진다. 사칙연산의 덧셈에서 학생들은 받아 올림에서 오류를 많이 보인다. 뺄셈에서는 내림을 하지 않고 무조건 큰 수에서 작은 수를 빼는 오류(예 : 52-9=57)와 내림을 하고 난 후 빠져나간 수를 반영하지 않는 오류(예 : 52-9=53) 등을 많이 보인다. 곱셈에서는 곱셈구구의 오류, 받아 올림의 오류 그리고 덧셈의 오류를 많이 보인다. 마지막으로 나눗셈에서는 어림하기의 어려움, 곱셈의 오류 그리고 뺄셈의 오류 등을 많이 보인다. 덧셈, 뺄셈, 곱셈 그리고 나눗셈에서 기초 연산(basic facts)의 문제로 인해 발생하는 어려움은 기초 연산의 개념 지도 후 이를 반복 연습함으로써 수정될 수 있도록 지도해야 한다. 그리고 받아 올림과 받아 내림 등의 연산 절차와 관련된 오류들은 연산 절차를 전략으로 만들어 교수함으로써 지원할 수 있다. 예를 들어 뺄셈에서 무조건 큰 수에서 작은 수를 빼는 오류를 지도하기 위해 제작된 전략으로 '아수크림' 전략이 있다. '아수크림' 전략의 내용은 다음과 같다.

			[4]	[10]		[4]	[10]
5	2	아 : 아래	5̶	2		5̶	2
−	7	수 : 수가	−	7		−	7
		크 : 크면			림 : (내)림 해라.		
						4	5

세 번째로는 문장제 문제 해결의 문제가 있다. 수학의 문장제 문제 해결은 가장 현실과 가까운 조건에서 수학 개념을 활용하여 문제를 해결하는 활동이다. 문장제 문제의 어려움은 연산 능력에서의 결함이나 읽기 이해 능력과 인지 능력의 결함으로 인해 발생하는 경우

가 많다. 연산 능력의 경우, 연산에 대한 보충 지도를 통해 해결해나가야 한다. 그리고 읽기 이해 능력과 인지 능력의 결함으로 인해 학생이 문제를 잘 이해하지 못하고 문제 해결 과정을 제대로 수행하지 못할 경우 문장제 문제 해결 전략을 교수함으로써 지원할 수 있다. 문장제 문제 해결을 위해 제작된 전략의 예로 '문질문질' 전략을 살펴보면 다음과 같다.

문
문제를 읽어라.

예지가 빵을 만드는 데 밀가루 $5\frac{3}{4}$ kg 중에서 $2\frac{1}{4}$ kg을 사용하였습니다. 빵을 만들고 남은 밀가루는 몇 kg일까요?

질문
질문을 찾아라.(질문 찾아 밑줄 긋기)

예지가 빵을 만드는 데 밀가루 $5\frac{3}{4}$ kg 중에서 $2\frac{1}{4}$ kg을 사용하였습니다. <u>빵을 만들고 남은 밀가루는 몇 kg일까요?</u>

문
문제 해결에 필요한 정보들을 찾아라.(정보 찾아서 표시하기)

예지가 빵을 만드는 데 밀가루 $\boxed{5\frac{3}{4}}$ kg 중에서 $\boxed{2\frac{1}{4}}$ kg을 사용하였습니다. 빵을 만들고 남은 밀가루는 몇 kg일까요?

질문
질문을 식으로 만들고 해결해라.

$$5\frac{3}{4} - 2\frac{1}{4} = 3\frac{2}{4}$$

학생들을 위한 다양한 교수 방법들이 있다. 그중 여러 연구들을 통해 밝혀진 효과적인 교수 방법은 과제 해결을 위한 전략을 교수하는 것이다. 전략이란 학생들이 쉽게 기억하고 적용할 수 있는 간편한 문제 해결 절차이자 방법이다. 지금까지 제시된 예의 내용들은 효과적인 교수 방법의 일부일 뿐이다. 교사는 앞의 교수 방법과 전략의 예 이외도 여러 효과적인 교수 방법의 탐색과 개발을 통해 학생들에게 보다 적합한 교수를 제공하고자 노력해야 한다.

학생의 성장과 발달을 위한
효율적인 피드백의 계획부터 실행까지

Dynamic Assessment

PART 4

역동적 평가
실천하기

1 역동적
평가의
3단계

역동적 평가는 크게 역동적 평가 계획, 역동적 평가 실행 그리고 역동적 평가 결과 기록과 같은 3단계의 과정을 거쳐 실천될 수 있다.

첫째, 역동적 평가의 계획 단계에서는 〈그림 4〉에서와 같이 교수학습평가 기본 정보 확인, 학습 계열 확인, 교수학습평가 중심 과제 선정, 학습 전 학생 진단 계획, 교수학습평가 중심 과제 수행 해석 계획, 교수학습평가 중심 과제의 차시별 활동 계획 그리고 역동적 평가 결과 기록 계획을 수립한다. '교수학습평가 기본 정보 확인'과 '학습 계열 확인'은 현재 학생이 학습해야 할 내용이 무엇이고 현재 학습 내용의 선후 내용을 확인함으로써 교수학습평가 내용의 연속성을 확보하고자 하는 활동이다.

역동적 평가 계획	역동적 평가 실행	역동적 평가 결과 기록
• 교수학습평가 기본 정보 확인 • 학습 계열 확인 • 교수학습평가 중심 과제 선정 • 학습 전 학생 진단 계획 • 교수학습평가 중심 과제 수행 해석 계획 • 교수학습평가 중심 과제의 차시별 활동 계획 • 역동적 평가 결과 기록 계획	• 넓은 의미의 과정 중심 평가의 실행 • 역동적 평가 실천 방법 결정 • 역동적 상호작용의 실행 정보 수집 학습 지원 정보 해석 교수학습 평가 활동	• 학생의 교수학습평가 과제 수행 과정 기록 • 학생의 과제 수행 결과 학습 목표에 도달했는지 여부 기록 • 학생의 과제 수행 결과를 단원 진단 평가 또는 이전의 학습 결과와 비교한 내용의 기록(이전 학습이란, 동일한 성취 기준을 적용하여 실시한 교수학습평가 활동을 의미)

· 그림 4. 역동적 평가 실천의 3단계 ·

'교수학습평가 중심 과제 선정'은 평가를 위해 가장 중요한 활동이다. 교수학습평가 중심 과제의 수행 결과는 학생이 성취 수준에 도달했는지 그리고 과거에 비해 얼마나 성장했는지를 판단할 수 있는 증거가 된다. 이와 같은 교수학습평가 중심 과제는 성취 기준의 분석 내용, 관련된 교과 역량과 학습 계열에 따라 파악되는 본 학습 단계의 활동 제재를 반영하여 선정된다. 의미 있는 교수학습평가 활동을 위해서 교수학습평가 중심 과제의 타당도를 확보하는 것은 매우 중요한 것이다. 그리고 교수학습평가 중심 과제의 타당도 확보를 위해

과정 중심 평가
역동적 평가로 실천하기

할 수 있는 가장 기본적인 활동은 교수학습평가에 있어서 전문가라고 할 수 있는 동료 교사들과의 상호 점검 활동이다.

'학습 전 학생 진단 계획'은 성장과 발달을 판단하는 데 있어서 학생의 개인 내적 기준을 설정하는 것이다. 개인 성장과 발달은 어떤 객관적인 외적 기준의 도달 여부에 비춰서도 판단할 수 있지만 과거 개인의 수준이라는 내적 기준과 비교해서도 판단할 수 있다. 학교 현장에서 평가를 실시할 때 성취 기준을 바탕으로 한 교수학습 목표라는 외적 기준만을 고려하여 학생의 성장과 발달을 판단하는 경우가 많다. 하지만 학생의 성장과 발달의 속도는 개인마다 다를 수 있으므로 외적 기준뿐만 아니라 내적 기준을 가지고 판단하는 것 역시 놓쳐서는 안 되는 부분이다. 학습 전 학생 진단 계획은 매 단원 진단을 위한 별도의 평가 과제를 제작하여 수립할 수도 있고 과거 수행했던 평가 과제의 결과를 활용하여 진단하는 방법으로 수립할 수도 있다.

'교수학습평가 중심 과제 수행 해석 계획'은 학생과 교사 사이에 이루어질 수 있는 역동적 상호작용의 상황을 예상해보고 그에 대해 준비하는 것이다. 과정 중심 평가에 대한 현장의 오해로 인해 교사들은 과제 수행 과정에 대한 평가만을 과정 중심 평가라고 생각하고 결과에 대한 평가를 소홀히 하는 경향이 있다. 하지만 과정 중심 평가의 올바른 실천을 위해 교사는 과정과 결과에 모두 초점을 맞추고 평가를 실시해야 한다. 이에 따라 교사는 교수학습평가 중심 과제 수행 해석 계획에서 과제 수행 과정에서 학생이 보일 수 있는 어려움들과 이를 지원하기 위한 방법들을 계획한다. 그리고 과제 수행 결과에 대해 학생이 과제를 성공적으로 수행했는지를 판단하고 교수학습 목표에 도달했는지에 대해 어떻게 해석할 것인가에 대한 계획 역시 수립한다. 여기서 교수학습 목표는 학생의 성장과 발달을 판단하기 위한 외적 기준의 역할을 한다.

'교수학습평가 중심 과제의 차시별 활동 계획'은 교수학습평가 활동의 내용을 차시별로 구성하는 것이다. 차시별 활동 내용의 구성은 우선 차시별로 구체적인 활동의 내용을 선정하고 이를 바탕으로 필요한 수업 차시를 산출한다. 그리고 선정된 활동의 구체적인 내용을 수업 차시의 순서에 맞게 배치한다. 차시별 활동 내용을 계획할 때 관련된 교과용 도서의 단원 내용을 참고하면 좀 더 쉽게 할 수 있다. 선정된 활동과 교과용 도서 단원의 차시 내용이 일치하는 부분이 있다면 그것을 그대로 활용하고 불필요한 부분은 삭제하거나 변경함으로써 좀 더 쉽게 차시별 활동 계획을 수립할 수 있다.

'역동적 평가 결과 기록 계획'은 학생과 학부모에게 학생의 성장 및 발달에 대한 정보를 어떻게 제공할 것인지에 대해 계획하는 것이다. 학생과 학부모에게 제공되는 성장과 발달에 대한 정보는 교수학습평가 중심 과제의 수행 결과에 기초해야 한다. 이 활동은 교사가 외적 기준과 내적 기준을 바탕으로 학생이 얼마나 성장했는지에 대해 어떻게 해석하고 이를 바탕으로 어떻게 피드백을 제공할 것인가에 대한 고민을 포함한다.

　둘째, 역동적 평가의 실행 단계에서는 〈그림 4〉에서와 같이 넓은 의미의 과정 중심 평가 실행, 역동적 평가 실천 방법 결정 그리고 역동적 상호작용을 실행한다. '넓은 의미의 과정 중심 평가 실행'은 학생들의 성격적 특성, 선호, 가정 배경, 장애 여부, 교우 관계 그리고 현재 학업 수준 등에 대해 살펴보는 것을 의미한다. 이와 같은 정보를 파악함으로써 교사는 교실 안 교육과정 속의 일부분에 한정된 좁은 범위를 벗어나 삶이라는 큰 범위에서 학생의 성장과 발달의 모습을 조망할 수 있게 된다. 그리고 학습을 통한 학생의 성장과 발달이 개인의 삶과 연계되어 나갈 수 있도록 평가 활동을 할 수 있다.

　'역동적 평가 실천 방법 결정'은 계획된 역동적 평가를 어떤 형태로 실천할 것인지 그 모형을 선정하는 것이다. 교실에서 학생들을 평가할 때 적용할 수 있는 대표적인 역동적 평가의 실천 모형으로는 평가 등록 모형과 순회 평가 모형이 있다. 역동적 평가의 실천 모형은 교수학습평가 중심 과제의 성격과 학급의 규모 등을 고려하여 선택할 수 있다. 적합한 역동적 평가의 실천 모형을 선택하는 것은 교사와 학생 사이의 역동적 상호작용을 원활하게 해주는 핵심 조건이 된다. 특히 학생 수가 많은 대규모 학급에서는 어떠한 형태의 모형을 선택하는가가 역동적 평가의 성공과 실패를 결정하는 중요한 요인이 된다.

'역동적 상호작용의 실행'에서 '역동적 상호작용'은 역동적 평가를 실천하는 데 있어서 학생과 교사 사이에 이루어지는 상호작용을 의미한다. 역동적 상호작용은 교수학습평가 중심 과제 수행의 과정 중에서뿐만 아니라 수행 후에도 이루어진다. 과제를 수행하는 과정에서 교사는 학생이 보이는 수준, 어려움 그리고 특이사항 등에 대한 정보를 수집하고 이에 대해 피드백을 제공함으로써 과제를 성공적으로 수행할 수 있도록 지원한다. 이 과정 속에서 교수, 학습, 평가는 융합되어 하나의 활동이 된다. 그리고 과제를 수행한 후에는 결과를 바탕으로 학생이 더 성장하고 발달하기 위해 무엇을 어떻게 해야 하는지 상호작용하며 지원하게 된다.

학생과의 역동적 상호작용 시 교사는 본인이 상호작용을 하고 있다는 것을 명심할 필요가 있다. 가끔 교사는 상호작용하려 노력하지만 사실상 학생에게 일방적인 피드백만을 제공하는 경우가 있다. 상호작용을 한다면 교사가 학생을 변화시키기도 하지만 반대로 학생이 교사를 변화시킬 수도 있는 것이다. 이를 위해 교사는 수집된 정보를 학습의 주체인 학생, 교수의 주체인 교사 및 교육과정 그리고 환경의 차원에서 해석하고 학생의 성장과 발달을 위해 셋 중 어떤 것을 변화시켜야 할 것인지에 대해 고민하며 상호작용을 실시해 나가야 한다.

셋째, 역동적 평가의 결과 기록 단계에서는 〈그림 4〉에서와 같이 학생의 교수학습평가 과제 수행 과정 기록, 학생의 과제 수행 결과 학습 목표에 도달했는지 여부 기록 그리고 학생의 과제 수행 결과를 단원 진단 평가 또는 이전의 학습 결과와 비교한 내용의 기록 활동이 실시된다.

　많은 교사들이 평가 결과의 기록은 모든 활동이 마무리된 후에 실시하는 것으로 생각하는 경향이 있으나 역동적 평가의 결과 기록은 학생의 과제 수행 과정과 수행 후에 모두 해야 할 필요가 있다. 교사는 과제 수행 과정과 수행 후에 결과를 기록하고 해석함으로써 적시에 적절한 지원을 학생에게 제공할 수 있게 된다. 그리고 평가 결과를 기록할 때 제작한 기록 양식에 맞춰 모든 학생의 모든 정보를 기록하려는 경향 또한 있다. 이와 같은 경향은 기록된 정보의 신뢰도와 질을 손상시키는 경우가 많다. 평가 결과의 기록은 꼭 필요한 유의미한 정보에 대해서만 기록을 하면 된다. 형식적으로 '기록 양식 채워 넣기' 식의 평가 결과 기록은 지양할 필요가 있다.

　역동적 평가 결과 기록 단계의 최종 목표는 학생의 성장과 발달 정도를 판단하는 것이다. 이를 위해 교사는 학생에 대해 수집된 정보를 바탕으로 학생이 학습 목표에 도달했는지 여부를 기록하고 학생의 과제 수행 결과를 단원 진단 평가 또는 이전의 학습 결과와 비교하여야 한다.

　역동적 평가에서 역동적 평가 계획, 역동적 평가 실행 그리고 역동적 평가 결과 기록에 대한 내용을 간단히 살펴보았다. 역동적 평가 3단계의 내용을 바탕으로 구체적인 실천의 모습에 대해 이어서 살펴보도록 하겠다.

2 역동적
평가
계획하기

    역동적 평가 계획 단계는 역동적 평가의 성공 여부를 결정하는 매우 중요한 단계이다. 충분히 계획을 세우지 않으면 역동적 평가는 실패로 이어질 가능성이 높다. 역동적 평가의 계획 단계에서는 크게 교수학습평가 기본 정보 확인, 학습 계열 확인, 교수학습평가 중심 과제 선정, 학습 전 학생 진단 계획, 교수학습평가 중심 과제 수행 해석 계획, 교수학습평가 중심 과제의 차시별 활동 계획 그리고 역동적 평가 결과 기록 계획을 실시해야 한다. 역동적 평가를 계획할 때 필요한 일련의 활동들을 담은 역동적 평가 계획표를 마련하여 활용하면 도움이 된다. 역동적 평가 계획표의 양식은 〈표 14〉와 같다.

표 14. 역동적 평가의 계획표 양식

① 교수학습평가 기본 정보

학년 / 학기		교과		단원	

② 학습 계열 확인

이전 학습 내용	본 학습 내용	후속 학습 내용

③ 교수학습평가 중심 과제 선정

성취 기준 분석		교과 역량 분석		본 학습 내용의 활동 제재
성취 기준		교과 역량		
지식		교과 역량 반영 활동		
기능				
태도				
1차 중심 과제 선정		2차 중심 과제 선정		최종 중심 과제 선정

④ 학생 진단 계획

⑤ 교수학습평가 중심 과제 수행 해석 계획

	수행 요인 실시 확인	예상되는 어려움		예상되는 어려움에 대한 지원 계획
과정 해석	수행 요인1			
	수행 요인2			
	수행 요인3			
	수행 요인4			

	중심 과제 완수 여부	중심 과제 수행 시 지원의 정도			교수학습 목표 도달 기준
결과 해석		독립적으로 수행	교사 지원을 통한 수행	교사와의 공동 수행	

⑥ 교수학습평가 중심 과제의 차시별 활동 계획

교과용 도서 진도 계획		재구성 활동 〈가(加)〉내용 더하기, 〈감(減)〉내용 빼기, 〈변(變)〉내용 바꾸기	교수학습평가 중심 과제 진도 계획	
차시	활동		차시	활동

⑦ 역동적 평가 결과 기록 계획						
학생 이름 :						

평가 결과 해석	중심 과제 완수 (O, ×)	중심 과제 수행 시 지원의 내용			목표 도달 여부 (O, ×)	학생의 성장과 발달 수준 해석
		독립적 수행	과제 수행 중 지원 내용	과제 수행 중 공동 수행 내용		
실천 과제	학생	교수			환경	
		교사		교육과정		

역동적 평가 계획표 양식에서 각 부분이 가지는 의미와 작성 방법을 2015 개정 교육과정 4학년 국어과 1학기 '8단원. 이런 제안 어때요'를 예로 들어 살펴보면 다음과 같다.

1. 교수학습평가 기본 정보

표 15. ① 교수학습평가 기본 정보

① 교수학습평가 기본 정보					
학년 / 학기	4학년 1학기	교과	국어	단원	8단원. 이런 제안 어때요

'① 교수학습평가 기본 정보'에는 교수학습평가와 관련된 학년 및 학기, 교과 그리고 단원 정보를 기록한다.

2. 학습 계열 확인

표 16. ② 학습 계열 확인

② 학습 계열 확인		
이전 학습 내용	본 학습 내용	후속 학습 내용
4학년 1학기 4단원 - 사실과 의견을 생각하며 글을 읽고 쓸 수 있다.	4학년 1학기 8단원 - 제안하는 글을 쓸 수 있다.	4학년 2학기 5단원 - 문장의 짜임을 생각하며 의견을 제시하는 글을 쓸 수 있다.

'② 학습 계열 확인'은 성취 기준에 따라 학생들이 학습해야 하는 구체적인 내용을 계열화한 것이다. 역동적 평가에서 학습 계열을 확인하는 것은 중요하다. 교사는 학습 계열을 확인함으로써 학생이 이전 단계에서 학습을 통해 어떤 성장과 발달을 이뤄냈고 이를 바탕으로 본 학습 단계에서는 무엇을 할 수 있는지 그리고 무엇을 해야 할지를 파악한다. 그리고 이후 학습 단계의 내용들을 결정한다.

이와 같은 일련의 학습 과정에 대한 확인은 학습을 통한 성장과 발달의 과정을 확인할 수 있도록 해준다. 다시 말해, 이전 학습 단계와 비교했을 때 학생이 얼마나 더 성장과 발달을 했는지를 확인할 수 있도록 해주는 것이다. 또한 학습을 통한 성장과 발달의 연속성을 확보하게 된다. 즉 교사는 학습해야 하는 현재의 단원에만 한정하지 않고 연속되는 여러 단원들을 함께 고려해서 좀 더 장기적인 교수학습평가 계획을 수립할 수 있다. 그리고 교수학습평가 중심 과제 선정시 본 학습 단계의 내용을 좀 더 정확하게 파악하여 반영할 수 있다.

학습 계열에 대한 정보는 교육과정에서 제시한 내용 체계표와 교과용 도서를 활용하면 편리하게 파악할 수 있다. 학습 계열은 같은 학년 내 같은 성취 기준을 바탕으로 구성된 교과 단원들을 선정하여 작성하는 것이 좋다. 교과용 도서를 활용한 4학년 국어과 1학기 '8단원. 이런 제안 어때요'의 학습 계열 확인 예시는 다음과 같다. 4학년 국어과 1학기 '8단원. 이런 제안 어때요'의 성취 기준은 '[4국03-03] 관심 있는 주제에 대해 자신의 의견이 드러나게 글을 쓴다'이다. 성취 기준 [4국03-03]을 바탕으로 구성된 단원들을 살펴보면, 4학년 국어과 1학기 '4단원. 일에 대한 의견' 그리고 2학기 '5단원. 의견이 드러나게 글을 써요'가 있다. 이 단원들의 학습 내용이 이전 학습 내용과 후속 학습 내용이 되는 것이다.

3. 교수학습평가 중심 과제 선정

표 17. '③ 교수학습평가 중심 과제 선정' 중 성취 기준 분석하기

③ 교수학습평가 중심 과제 선정	
성취 기준 분석	
성취 기준	[4국03-03] 관심 있는 주제에 대해 자신의 의견이 드러나게 글을 쓴다.
지식	• 자신의 의견을 드러내는 글의 짜임 • 자신의 의견이 드러나게 글을 쓰는 방법
기능	• 자신의 의견이 드러나는 글쓰기
태도	• 글을 통하여 자신의 의견을 나타내는 것의 중요성을 알고 실천하고자 하는 태도
1차 중심 과제 선정	자신의 의견을 나타내는 글쓰기

〈표 17〉은 '③ 교수학습평가 중심 과제 선정' 중 성취 기준 분석하기의 작성 예이다. 교수학습평가 중심 과제란 교수 활동, 학습 활동 그리고 평가 활동에서 공통의 대상이 되는 하나의 과제를 의미한다. 역동적 평가에서는 학생과 교사의 역동적인 상호작용을 통해 교수학습평가 중심 과제를 학생이 성공적으로 완수할 수 있도록 지원하고 이를 바탕으로 학생의 성장과 발달을 이끌어낸다. 또한 중심 과제 수행의 내용은 학생이 성취 기준에 얼마만큼 도달했는지에 대한

근거를 제공해준다.

　교수학습평가 중심 과제는 과제 분석(task analysis) 활동 중 첫 번째 단계인 과제 확인 활동을 통해 선정될 수 있다. 과제 확인 절차에 따라 우선 성취 기준의 분석을 통해 1차 중심 과제를 선정한다. 성취 기준의 분석은 지식, 기능 그리고 태도의 영역에서 분석하고 성취 기준에 도달하기 위해 어떤 활동들을 해야 하는지 파악할 수 있다.

표 18. '③ 교수학습평가 중심 과제 선정' 중 교과 역량 분석하기

③ 교수학습평가 중심 과제 선정			
성취 기준 분석		교과 역량 분석	
성취 기준	〈표 17〉 참고	교과 역량	비판적 · 창의적 사고 역량
지식	〈표 17〉 참고	교과 역량 반영 활동	• 생활 주변의 문제점 찾기 • 문제점 해결 방법 찾기
기능	〈표 17〉 참고		
태도	〈표 17〉 참고		
1차 중심 과제 선정	자신의 의견을 나타내는 글쓰기	2차 중심 과제 선정	생활 주변의 문제점과 해결 방법에 대한 자신의 의견 글쓰기

　〈표 18〉은 '③ 교수학습평가 중심 과제 선정' 중 교과 역량 분석하기의 작성 예이다. 교과 역량의 분석을 통해 중심 과제를 정교화하여 2차 중심 과제를 선정한다. 교과 역량의 분석을 위해 우선 성취

기준과 관련된 역량을 선택한다. 다음으로 교과 역량을 반영한 활동들을 선정한다. 마지막으로 1차 중심 과제의 내용을 교과 역량 반영 활동과 연계하여 2차 중심 과제를 선정한다.

표 19. '③ 교수학습평가 중심 과제 선정' 중 최종 중심 과제 선정하기

③ 교수학습평가 중심 과제 선정			
	교과 역량 분석	본 학습 내용의 활동 제재	
교과 역량	〈표 18〉 참고	제안하는 글쓰기	
교과 역량 반영 활동	〈표 18〉 참고		
2차 중심 과제 선정	생활 주변의 문제점과 해결 방법에 대한 자신의 의견 글쓰기	최종 중심 과제 선정	생활 속 문제 해결 제안 글쓰기 (생활 주변의 문제점에 대한 해결 방법을 제안하는 글쓰기)

〈표 19〉는 '③ 교수학습평가 중심 과제 선정' 중 최종 중심 과제 선정하기의 작성 예이다. 학습 계열에서 확인한 본 학습 내용의 활동 제재를 바탕으로 2차 중심 과제를 수정한다. 그리고 수정한 2차 중심 과제를 최종 교수학습평가 중심 과제로 선정한다. 중심 과제 선정 시 실시하는 성취 기준의 분석, 교과 역량의 분석 그리고 학습 계열에 해당하는 활동 제재에 대한 정보는 교과용 도서에서 확인하면 편

리하다.

4. 학생 진단 계획

표 20. ④ 학생 진단 계획 – 이전 평가 결과 기록을 활용한 학생 진단 시 필요한 질문들의 예

④ 학생 진단 계획	1. 이전 학습 단계에서 사실에 대한 의견이 드러나는 글쓰기 과제를 완수하였는가?
	2. 이전 학습 단계에서 사실에 대한 의견이 드러나는 글쓰기 과제를 혼자서 완수하였는가?
	3. 이전 학습 단계에서 사실에 대한 의견이 드러나는 글쓰기 과제를 수행할 때 어떤 어려움이 있었는가?
	  – 사실과 의견을 구분하여 글쓰기를 하였는가?
	  – 적절한 소재를 찾을 때 어떤 어려움이 있었는가?
	  – 글의 개요를 작성 시 어떤 어려움이 있었는가?
	  – 글의 내용을 논리적으로 일관되게 작성하는 데 어떤 어려움이 있었는가?
	  – 글의 개요에 따라 글을 완성 시 어떤 어려움이 있었는가?
	4. 이전 학습 단계에서 사실에 대한 의견이 드러나는 글쓰기 과제 수행 시 어떤 지원을 받았는가?

〈표 20〉은 이전 평가 결과 기록을 활용하여 학생을 진단할 때 필요한 질문들의 예이다. 학생의 진단 활동은 본 학습을 시작하기 전 학생의 출발점에 대한 정보를 얻는 것이다. 역동적 평가에서 학생의 출발점에 대한 확인은 우선 본 학습 내용에 대한 학생의 준비도를 점검한다는 의미가 있다. 학생의 준비도를 확인하고 학생에게 필요한 지원을 미리 마련함으로써 학생이 효과적으로 학습할 수 있는 여건

을 조성하는 것이다. 또 한편으로 학생의 진단 결과는 학습 결과와 비교하여 성장과 발달의 변화 수준을 해석하는 기준이 된다.

학생의 진단 시 이전 평가 결과 기록을 활용하거나 별도의 진단 평가를 계획하여 실시할 수도 있다. 학생의 진단에는 본 학습에 필요한 선수 학습 지식 및 기술에 대해 확인하는 내용들이 반드시 포함되어야 한다. 이전 평가 결과 기록을 활용한 학생의 진단은 다음과 같다. 첫째, 본 학습에 필요한 선수 학습 지식 및 기술에서 학생의 수준을 확인하기 위한 질문들을 구성한다. 둘째, 구성된 질문들을 통해 이전 평가 결과 기록 속 관련 정보들을 확인함으로써 학생의 수준을 파악한다.

표 21. ④ 학생 진단 계획 – 별도의 진단 평가 실시를 위해 구성된 문제들의 예

④ 학생 진단 계획	1. 곱셈구구를 할 수 있는가?
	  $3 \times 7 =$, $9 \times 8 =$, $7 \times 6 =$, $4 \times 8 =$
	
	2. 곱셈 결과를 자릿값에 맞춰 적을 수 있는가?
	  $\begin{array}{r} 7 \\ \times\ 2 \end{array}$ $\begin{array}{r} 7\ 0 \\ \times\ \ \ 2 \end{array}$ $\begin{array}{r} 1\ 3 \\ \times\ \ \ 3 \end{array}$ $\begin{array}{r} 4\ 1 \\ \times\ \ \ 4 \end{array}$
	
	3. 곱셈에서 올림을 할 수 있는가?
	  $\begin{array}{r} 4\ 4 \\ \times\ \ 4 \end{array}$ $\begin{array}{r} 1\ 3 \\ \times\ \ 6 \end{array}$ $\begin{array}{r} 5\ 2 \\ \times\ \ 5 \end{array}$ $\begin{array}{r} 3\ 6 \\ \times\ \ 7 \end{array}$
	
	4. 계산 절차에 맞춰 곱셈을 할 수 있는가?
	  $\begin{array}{r} 6\ 4 \\ \times\ \ \ \ 5 \end{array}$ 에서 두 번째로 곱셈을 해야 하는 수는 몇과 몇입니까?

〈표 21〉은 별도의 진단 평가 실시를 위해 구성된 문제들의 예이다. 별도의 진단 평가를 실시하여 학생을 진단하는 예를 2015 개정 교육과정 초등학교 3학년 2학기 수학 교과 '1단원. 곱셈'을 통해 살펴보면 다음과 같다. 2학기 '1단원. 곱셈'의 중심 과제는 '올림이 있는 (두 자릿수)×(한 자릿수)'이다. 그리고 수행 요인들로는 곱셈구구, 곱셈 결과의 자릿값, 올림의 방법 그리고 여러 자릿수 곱셈의 계산 절차에 대한 지식과 기술들이 된다. 따라서 이전 학습한 내용을 바탕으로 이 수행 요인들에 대한 진단할 수 있는 문제들을 계획해야 한다.

위의 예들과 같이 국어 교과의 쓰기 영역 진단 평가는 실제 학생을 진단하기 위하여 많은 시간이 필요하다. 따라서 별도의 진단 평가를 실시하기보다 이전 평가 기록을 활용하여 학생 진단을 실시하는 것이 편리할 수 있다. 그리고 수학의 연산과 같이 비교적 간단한 지필 평가를 활용하여 짧은 시간에 학생을 진단할 수 있는 경우에는 이처럼 별도의 진단 평가를 실시하여 학생을 진단하는 것이 유용할 수 있다.

5. 교수학습평가 중심 과제 수행 해석 계획

역동적 평가에서는 학생의 학습에 대한 해석을 통해 학생의 학습 과정과 성장 및 발달을 지원하는 것이 평가의 중요한 목적이다. 따라서 역동적 평가 계획에서는 기존의 '상중하'로 나타내는 평가 기준이 아닌 학생의 중심 과제 수행에 대한 해석 계획을 수립하도록 하였다. 'ⓔ 교수학습평가 중심 과제 수행 해석 계획'은 크게 '과정 해석'과 '결과 해석'으로 이루어진다.

'ⓔ 교수학습평가 중심 과제 수행 해석 계획'에서 '과정 해석' 계획 부분을 살펴보면 다음과 같다. '과정 해석'은 다시 '수행 요인 실시 확인', '예상되는 오류의 유형' 그리고 '오류에 대한 지원 계획'으로 이루어진다. 여기서 수행 요인은 교수학습평가 중심 과제의 위계적 분석을 통해 파악된 하위 지식 및 기술들이다. 이와 같은 수행 요인은 교수학습평가 중심 과제를 완수하기 위해 반드시 실천해야 하는 지식 및 기술들이다. 다시 말해 이 수행 요인들의 수행에서 문제가 생기면 중심 과제를 완수하는 데 어려움이 발생하게 된다. 따라서 교사가 수행 요인들을 중심으로 학생의 어려움을 파악한다면 성공적인 과제 수행을 위해 학생에게 좀 더 효율적이고 효과적으로 지원을 제공할 수 있다.

과정 해석을 계획하기 위해서는 우선 준비 단계로서 교수학습평가 중심 과제를 위계적으로 분석해 수행 요인들을 파악해야 한다. '생활 속 문제 해결 제안 글쓰기'를 위계적으로 분석한 내용은 〈그림 5〉와 같다. '생활 속 문제 해결 제안 글쓰기'의 수행 요인들로는 '포함 내용 알기', '글의 구조 알기', '글 쓰는 방법 알기', '글쓰기'가 있다.

• 그림 5. '생활 속 문제 해결 제안 글쓰기'의 수행 요인들 •

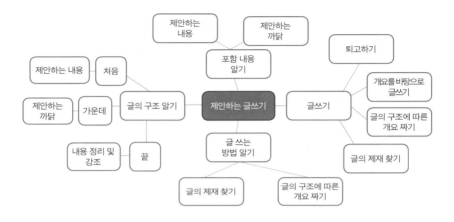

표 22. '수행 요인별 실시 확인'의 예

⑤ 교수학습평가 중심 과제 수행 해석 계획		
	수행 요인 실시 확인	
과정 해석	포함 내용 알기	제안하는 글에 포함해야 하는 내용에 대해 설명할 수 있는가?
	글의 구조 알기	제안하는 글의 구조에 대해 설명할 수 있는가?
	글 쓰는 방법 알기	제안하는 글을 쓰는 절차에 대해 설명할 수 있는가?
	글쓰기	제안하는 글의 제재인 생활 주변의 문제점을 찾았는가?
		제안하는 내용과 제안하는 까닭을 작성할 수 있는가?
		제안하는 글의 구조에 따라 개요를 작성하였는가?
		개요를 바탕으로 제안하는 글을 작성하였는가?

〈표 22〉는 '수행 요인별 실시 확인'의 작성 예이다. '수행 요인별 실시 확인'에서는 과제 분석을 통해 파악된 수행 요인을 학생이 적절히 수행하는지를 해석하기 위한 계획을 수립한다. 그리고 이를 위해 수행 요인 실시 확인 질문들을 작성한다.

표 23. '예상되는 어려움'의 예

⑤ 교수학습평가 중심 과제 수행 해석 계획			
	수행 요인 실시 확인		예상되는 어려움
과정 해석	포함 내용 알기	〈표 22〉 참고	글쓰기와 관련된 지식들을 암기하는 데 어려움을 가짐
	글의 구조 알기	〈표 22〉 참고	
	글 쓰는 방법 알기	〈표 22〉 참고	
	글쓰기	〈표 22〉 참고	생활 주변의 문제점들에 대해 깊이 고민을 하지 않음
		〈표 22〉 참고	제안하는 내용과 제안하는 까닭이 논리적으로 일관되지 않음
		〈표 22〉 참고	글의 구조에 따라 내용을 배치하지 못함
		〈표 22〉 참고	개요에 작성된 내용의 순서를 지키지 않고 글을 작성함

〈표 23〉은 '예상되는 어려움'의 작성 예이다. '예상되는 어려움'에서는 학생이 수행 요인들을 실시하는 과정에서 생겨날 수 있는 어려움들에 대해 예상하여 기록한다.

표 24. '예상되는 어려움에 대한 지원 계획'의 예

⑤ 교수학습평가 중심 과제 수행 해석 계획		
	예상되는 어려움	예상되는 어려움에 대한 지원 계획
과정 해석	글쓰기와 관련된 지식들을 암기하는 데 어려움을 가짐	• 글쓰기와 관련된 지식들을 재지도하고 재시험을 통해 확인 • 제안하는 글쓰기에서 참고할 수 있도록 글쓰기와 관련된 지식들을 정리한 별도의 자료를 제공
	생활 주변의 문제점들에 대해 깊이 고민을 하지 않음	• 생활 주변의 문제점들에 대한 탐색을 안내하는 질문들의 제공
	제안하는 내용과 제안하는 까닭이 논리적으로 일관되지 않음	• 제안하는 내용과 제안하는 까닭의 논리적 일관성을 점검하는 질문들을 제공
	글의 구조에 따라 내용을 배치하지 못함	• 글의 구조에 따라 각 부분에 들어가야 하는 내용을 구어적 설명, 글의 구조에 따라 내용을 배치하는 시범 보이기 그리고 이후 수정해야 하는 부분에 수정 내용을 직접적으로 메모하여 알려주는 순으로 강도를 높여가며 지원을 제공
	개요에 작성된 내용의 순서를 지키지 않고 글을 작성함	• 개요의 순서대로 내용을 배치하면 글이 된다는 것에 대해 재설명 • 개요의 순서대로 내용을 배치하고 글을 완성하는 것에 대해 시범

이어 '예상되는 어려움'에 대한 지원 계획을 수립한다. '예상되는 어려움에 대한 지원 계획'의 작성 예는 〈표 24〉와 같다. 〈표 24〉와

같은 지원 이후에도 학생이 수행에 어려움을 보이는 수행 요인들에 대해서는 교사가 공동으로 수행함으로써 과제를 완수할 수 있도록 계획한다. '과정 해석' 계획을 바탕으로 교사는 중심 과제 수행 과정을 지속적으로 평가하고 이에 대한 지원을 실시함으로써 학생이 과제를 완수할 수 있도록 해줘야 한다.

'⑤ 교수학습평가 중심 과제 수행 해석 계획'에서 '결과 해석' 계획 부분을 살펴보면 다음과 같다. '결과 해석'은 '중심 과제 완수 여부', '중심 과제 수행 시 지원의 정도' 그리고 '교수학습 목표 도달 기준'으로 구성된다.

표 25. 중심 과제 완수 여부

⑤ 교수학습평가 중심 과제 수행 해석 계획	
결과 해석	중심 과제 완수 여부
	'생활 속 문제 해결 제안 글쓰기'를 완성하였는가?

〈표 25〉는 '중심 과제 완수 여부'의 작성 예이다. '중심 과제 완수 여부'는 교수학습평가 중심 과제를 끝까지 수행하였는지를 확인할 수 있는 질문을 작성한다.

표 26. 중심 과제 수행 시 지원의 정도

⑤ 교수학습평가 중심 과제 수행 해석 계획				
	중심 과제 완수 여부	중심 과제 수행 시 지원의 정도		
결과 해석	〈표 25〉 참고	독립적으로 수행	교사 지원을 통한 수행	교사와의 공동 수행

　　〈표 26〉은 '중심 과제 수행 시 지원의 정도'에 대한 작성 예이다. '중심 과제 수행 시 지원의 정도'에서 독립적 수행은 학생이 중심 과제 수행의 모든 과정에서 교사의 지원 없이 독립적으로 완수했음을 의미한다. 교사 지원을 통한 수행은 학생이 중심 과제 수행의 일부 과정에서 보이는 어려움들에 대해 교사가 지원을 해주고 이를 통해 과제를 완수했음을 나타낸다. 그리고 교사와의 공동 수행은 학생이 중심 과제를 수행하는 모든 과정에서 교사와 공동으로 수행했다는 것이다. '중심 과제 수행 시 지원의 정도'는 필요하다면 위의 예보다 더 상세히 작성할 수 있겠으나 '독립적으로 수행', '교사 지원을 통한 수행' 그리고 '교사와의 공동 수행'으로만 작성하여도 학생의 과제 수행 능력을 해석하는 데 충분할 것으로 생각한다.

표 27. 교수학습 목표 도달 기준

⑤ 교수학습평가 중심 과제 수행 해석 계획	
	교수학습 목표 도달 기준
결과 해석	학생이 생활 주변의 문제점에 대한 해결 방법을 제안하는 글을 독립적으로 완성할 수 있는가?

〈표 27〉은 '교수학습 목표 도달 기준'의 작성 예이다. '결과 해석'에서 '교수학습 목표 도달 기준'은 학습 계열을 고려하여 작성해야한다. 본 학습 내용의 '교수학습 목표 도달 기준'은 이전 학습 내용의 것보다 높은 수준으로 설정되어야 한다. '교수학습 목표 도달 기준'의 수준은 중심 과제 수행 시 받은 지원의 정도를 달리하여 설정한다. 예를 들면 4학년 1학기 '4단원. 일에 대한 의견'의 교수학습 목표 도달 기준이 '학생이 의견을 드러내는 글을 독립적으로 또는 교사의 지원을 통해 완성할 수 있는가?'라면 4학년 1학기 '8단원. 이런 제안어때요'에서는 이보다 수준을 높여 '학생이 생활 주변의 문제점에 대한 해결 방법을 제안하는 글을 독립적으로 완성할 수 있는가?'로 설정될 수 있다. 여기서 교사의 지원을 통한 완성이라는 수준을 제거하여 도달 기준을 높였다. '교수학습 목표 도달 기준'은 학생의 과제 수행 결과를 해석할 때 외적 기준에 기초해 학생의 상대적 수준을 파악할 수 있게 해준다. 즉 '교수학습 목표 도달 기준'을 충족하지 못한

학생은 현재 달성해야 하는 성장과 발달 수준에 미치지 못했다고 판단할 수 있을 것이다.

'과제 수행 결과 해석'을 바탕으로 교사는 교수학습평가 중심 과제의 수행 결과를 해석함으로써 학생들의 성장과 발달의 수준을 결정하고 이에 대한 지원을 계획한다. 그리고 해석된 내용은 학습 계열의 다음 학습 단계의 출발점이 된다.

6. 교수학습평가 중심 과제의 차시별 활동 계획

표 28. ⑥ 교수학습평가 중심 과제의 차시별 활동 계획

⑥ 교수학습평가 중심 과제의 차시별 활동 계획				
교과용 도서 진도 계획		재구성 활동 〈가(加)〉내용 더하기, 〈감(減)〉내용 빼기, 〈변(變)〉내용 바꾸기	교수학습평가 중심 과제 진도 계획	
차시	활동		차시	활동
1	제안하는 글에 대해 알기		1	제안하는 글에 대해 알기
2	문장의 짜임에 대해 알기	4학년 2학기 '5단원. 의견이 드러나게 글을 써요' 단원에 통합		
3	문장의 짜임에 대해 알기			
4	제안하는 글을 쓰는 방법 알기		2	제안하는 글을 쓰는 방법 알기
5	제안하는 글을 쓰는 방법 알기		3	제안하는 글을 쓰는 방법 알기

6	제안하는 글을 쓰고 발표하기	학생들이 중심 과제와 이와 관련된 수행 요인들에 대해 실질적으로 연습할 수 있도록 활동의 단계를 자세히 표현하고 시수를 3차시 추가함. 추가 시수는 국어 교과 학기 말 담임 심화 보충 활동 시간을 활용하여 확보함.	4	생활 주변의 문제점 찾기
7	제안하는 글을 쓰고 발표하기		5	제안하는 글 개요 작성하기 – 제안하는 내용과 제안하는 까닭 작성하기
			6	제안하는 글 개요 작성하기 – 글의 구조에 맞춰 내용 배치하기 및 내용 조사하기
			7	제안하는 글 개요 작성하기 – 글의 구조에 맞춰 내용 배치하기 및 내용 조사하기
			8	제안하는 글쓰기
			9	제안하는 글쓰기
			10	제안하는 글 발표하기

〈표 28〉은 '⑥ 교수학습평가 중심 과제의 차시별 활동 계획'의 작성 예이다. '⑥ 교수학습평가 중심 과제의 차시별 활동 계획'은 다음과 같다. 첫째, 수행 요인들의 선후 관계를 파악하여 배열한다. 둘째, 수행 요인들의 내용들을 상세화한다. 셋째, 수행 요인들에 필요한 시간에 따라 차시 분량을 배분하고 차시별 활동 계획을 완성한다. '⑥ 교수학습평가 중심 과제의 차시별 활동 계획'을 수립하는 또 다른 방법으로 교과용 도서의 단원 내용을 활용하는 방법이 있다. 교과용 도서를 활용할 때는 편성된 단원의 내용을 재구성하는 방식으로 실시한

다. 교과용 도서 단원의 내용과 수행 요인들을 비교하여 부족한 내용은 더하고, 불필요한 내용은 감하고 방법이나 형태를 바꿔야 하는 내용은 변경함으로써 차시별 활동 계획을 완성한다. 교과용 도서를 활용하여 차시별 활동을 계획하면 좀 더 편리하게 계획을 세울 수도 있고 수행 요인들의 내용 중 부족한 부분을 살펴보고 보충할 수 있다.

7. 역동적 평가 결과 기록 계획

표 29. ⑦ 역동적 평가 결과 기록 계획

⑦ 역동적 평가 결과 기록 계획						
학생 이름 :						
평가 결과 해석	중심 과제 완수 여부 (O, ×)	중심 과제 수행 시 지원의 내용			목표 도달 여부 (O, ×)	학생의 성장과 발달 수준 해석
		독립적 수행	과제 수행 중 지원 내용	과제 수행 중 공동 수행 내용		
실천 과제	학생	교수			환경	
		교사		교육과정		

'⑦ 역동적 평가 결과 기록 계획'은 평가 결과를 효과적이고 효율적으로 기록할 수 있는 양식을 제작하는 것이다. 역동적 평가 결과 기록의 양식에는 '중심 과제 완수 여부', '중심 과제 수행 시 지원의 내용', '목표 도달 여부', '학생의 성장과 발달 수준 해석' 그리고 '실천 과제'에 대한 기록을 포함한다. '⑦ 역동적 평가 결과 기록 계획'에서 구성한 기록 양식의 예는 〈표 29〉와 같다. 〈표 29〉와 같이 역동적 평가 결과는 크게 '평가 결과 해석' 그리고 '실천 과제'로 구성된다. '평가 결과 해석'과 '실천 과제'에 기록하는 내용은 그대로 피드백 내용이 된다. 즉 '평가 결과 해석'은 학생들의 현재 상태를 알려주는 확인적 피드백이 되고 '실천 과제'는 이후 학생의 더 많은 성장과 발달을 위해 실천해야 하는 과제들로서 실천적 피드백이 된다.

확인적 피드백으로서 '평가 결과 해석'에서는 '중심 과제 완수', '중심 과제 수행 시 지원의 내용' 그리고 '목표 도달 여부' 란에는 '⑤ 교수학습평가 중심 과제 수행 해석 계획'에 따라 해석된 내용을 바탕으로 기록한다.

- **중심 과제 완수** : 학생이 중심 과제를 끝까지 수행했는지 여부를 확인하여 기록.
- **중심 과제 수행 시 지원의 내용** : 학생이 중심 과제 수행 시 보이는 어려움들에 대해 교사가 어떤 지원을 하였는지에 대해 기록.
- **목표 도달 여부** : '교수학습 목표 도달 기준'을 달성하였는지 여

부를 기록.

'학생의 성장과 발달 수준 해석'은 평가 결과에 대해 별도의 해석을 추가해서 기록해야 한다. '학생의 성장과 발달 수준의 해석'을 할 때 그 기준이 되는 것은 진단 결과이다. 진단 결과와 비교하여 중심 과제 완수 여부의 변화(예 : 진단 시에는 중심 과제를 완수하지 못했으나 본 학습에서는 중심 과제를 완수하였음), 학생에게 제공되는 지원의 종류와 정도의 변화, 결과물의 수준 변화 그리고 수학의 경우 문항 정답률의 변화 등을 파악한 후 기록한다. '목표 도달 여부'가 외적 기준에 따라 학생의 현재 수준을 확인할 수 있도록 해준다면 '학생의 성장과 발달 수준 해석'은 과거에 비해 학생의 변화 수준을 확인할 수 있도록 해준다. 이 두 가지 정보 모두는 학생의 성장과 발달 여부를 파악하고 그 속도가 적정한지를 판단하는 데 중요하다.

학생이 교수학습평가 목표에 도달하였다면 교사는 학생의 성장과 발달이 적절하게 이루어지고 있다고 판단할 수 있다. 학생이 교수학습평가 목표에는 도달하지 못했지만 진단 결과와 비교하여 좀 더 나은 변화를 보였다면 교사는 외적 기준에 비해 성장과 발달의 속도가 느릴 수는 있으나 학생이 자신의 속도에 맞춰 성장과 발달을 하고 있음을 판단할 수 있다. 그리고 학생이 교수학습평가 목표에도 도달하지 못하고 진단 결과에 비해 더 나은 변화를 보이지도 못했다면 교사는 학생이 특별한 원인으로 인하여 성장과 발달이 정체되고 있다고 판단할 수 있다.

실천적 피드백으로서 '실천 과제'는 학생의 더 많은 성장과 발달을 위해 학생, 교수(교사와 교육과정), 환경이라는 세 가지 차원에서 추가적으로 실천해야 하는 과제들을 의미한다. 학생은 혼자서 학습하고 성장하며 발달하는 것이 아니기 때문이다. 따라서 '실천 과제'를 제시할 때 학생을 성장과 발달시키기 위해 필요한 모든 차원이 고려되어야 한다. 학생 개인의 차원에서는 학생 스스로가 추가적으로 수행해야 하는 과제에 대해 기록한다. 교수 차원에서는 교사가 교수법 및 교수 기술 등과 같이 학생을 위한 수업 개선을 위해 해야 할 일 또는 학생에게 추가적으로 제공할 지원 등을 기록한다. 그리고 교수 차원의 교육과정에서는 학생의 성장과 발달 속도에 맞춰 교육과정의 내용을 수정할 필요가 없는지를 판단하고 수정 내용을 기록한다. 마지막으로 환경 차원에서는 학습에 효과적인 환경을 조성하고 불필요한 장애들을 제거하기 위해 해야 할 일들을 기록한다.

평가 결과를 기록할 때 교사들은 형식적으로 또는 기계적으로 기록 양식의 빈칸들을 모두 작성하려 하는 경향이 있다. 하지만 역동적 평가 결과 기록의 양식을 마련하려는 근본적인 이유는 효과적이고 효율적으로 학생들의 교수학습평가 중심 과제 수행을 해석하고 기록하려는 것이다. 이때 중요한 해석 내용이 없다면 기록하지 않아도 좋다. 오히려 무리한 해석과 기록은 학생들에 대한 정보의 오해와 왜곡을 일으킬 수 있기 때문이다. 즉 역동적 평가 결과의 기록은 학생들에게 효과적인 피드백을 제공하기 위한 것이지 단순히 문서를 작성하기 위한 것이 아님을 명심할 필요가 있다.

지금까지 역동적 평가 계획하기 단계에 대해 살펴보았다. 학교 현장에서 교사들은 1학기와 2학기 시작 전 각각 진도 계획과 평가 계획을 수립한다. 이때 창의적 체험 활동을 포함하여 적게는 5개에서 많게는 11개 교과의 평가 계획을 수립한다. 교과 속 단원의 개수까지 고려한다면 세워야 하는 평가 계획의 수는 기하급수적으로 많아진다. 이와 같은 상황에서 위의 역동적 평가 계획의 모든 내용을 문서화하는 것은 현실적으로 어려움이 있다. 앞서 설명한 역동적 평가의 계획 양식은 역동적 평가 속 원리를 현실의 평가와 연결 짓고 이를 어떻게 실천할 수 있는지에 대해 이해하고 연습하는 데 도움이 된다. 하지만 만약 교사가 역동적 평가를 이해하고 실천할 수 있는 역량을 충분히 갖추었다면 계획 양식의 모든 내용을 문서화할 필요는 없다. 그중 평가 실행 시 필수적인 내용들만을 선정하여 평가 계획을 수립하면 된다. 필수 내용만을 가지고 작성한 평가 계획 양식의 예는 〈표 30〉과 같다.

표 30. 필수 내용만을 가지고 작성한 평가 계획 양식의 예

단원	성취 기준	교수학습 목표 도달 기준		수행 요인 실시 확인

　　역동적 평가에서 계획은 교수학습평가의 장면을 예상하고 이에 대해 준비할 수 있도록 해주는 활동이다. 교수학습평가에 대해 충분히 준비하지 않으면 역동적 평가의 실행에서 많은 시행착오를 겪을 가능성이 높다. 따라서 역동적 평가에 대해 역량이 충분히 갖추어질 때까지 역동적 평가의 계획 양식 작성을 통해 이를 연습해볼 필요가 있다.

역동적 평가는 교사와 학생의 일대일 교수 상황에 가장 효율적으로 실시될 수 있다. 하지만 학교 현장은 일반적으로 교사가 학생을 일대일로 교수하는 경우가 흔치 않다. 일반 교과 수업 시간은 한 명의 교사가 다수의 학생을 대상으로 교수해야 한다. 이와 같은 상황에서 역동적 평가를 효과적으로 실행하기 위해서는 교수학습 장면에 적합한 역동적 평가 실행 방법을 선택할 필요가 있다.

교실 현장에서 역동적 평가를 실행하는 방법으로는 크게 평가 등록 모형과 순회 평가 모형이 있다. 우선 평가 등록 모형은 등록부에 학생들이 자신의 이름을 적어놓으면 교사는 적힌 이름의 순서대로 학생을 불러 상호작용하며 평가하고 지원을 제공하는 것이다.

평가 등록 모형과 순회 평가 모형

표 31. 평가 등록 모형의 등록부

순번	학생 이름	평가 실시	순번	학생 이름	평가 실시
1	김형섭	∨	11	최한별	∨
2	김현승	∨	12	전성혁	
3	한세미	∨	13	김지예	
· · ·	· · ·	· · ·	· · ·	· · ·	· · ·

평가 등록 모형은 프로젝트, 과학 실험 그리고 글쓰기 등과 같이 교사와 학생의 상호작용이 비교적 긴 시간 동안 깊이 있게 진행되어야 하는 교수학습평가 활동에 적합하다. 평가 등록 모형을 활용하여 역동적 평가를 실행하고자 할 때 학생이 자신의 과제를 스스로 점검할 수 있도록 도와주는 안내 도구가 필요하다. 예를 들면 과제 점검 체크 리스트와 같은 안내 도구이다. 이를 활용한다면 학생이 교사를 기다리는 시간을 허비하지 않고 자신의 과제를 스스로 점검하면서 의미 있게 보낼 수 있다.

다음으로 순회 평가 모형은 중심 과제를 수행하는 학생들을 교사가 반복적으로 순회하며 어려움이 관찰되면 즉각 지원을 제공하는 방법이다. 순회 평가 모형은 수학 지필 평가와 같은 짧은 시간에 즉

각적인 지원이 가능한 교수학습평가 활동에 적합하다. 순회 평가 모형에서 학생들에게 지원을 제공할 때 쓰는 방법에는 크게 두 가지의 형태가 있다.

첫 번째는 집단 형태의 지원이다. 이는 교사가 순회하는 동안 여러 학생들에게서 공통된 어려움이 발견되었을 때 학생들을 잠시 주의 집중시킨 후 발견된 어려움에 대해 전체 또는 필요한 집단을 대상으로 지원을 제공하는 것이다.

두 번째는 일대일 형태의 지원이다. 이는 교사가 학생의 어려움을 발견하는 즉시 그 학생과의 상호작용을 통해 어려움을 해석하고 일대일로 지원을 제공하는 것이다.

학교 현장에서 역동적 평가에 대해 익히 들어 알고 있는 교사들이 많이 있다. 하지만 이를 선뜻 사용하지 못하는 것은 역동적 평가는 일대일의 형태로 이루어져야 한다고 생각하고 이로 인해 일대 다수의 수업을 진행해야 하는 교실 현장에서는 적용하기 쉽지 않다고 생각하기 때문이다. 하지만 역동적 평가는 그 실행의 형태가 고정된 것이 아니기 때문에 교사와 학생의 상호작용을 바탕으로 학생의 성장과 발달을 지원한다는 기본 원리만 지켜진다면 각 교수학습평가 환경에 맞춰 다양한 형태로 실행될 수 있다. 앞서 알아본 평가 등록 모형과 순회 평가 모형을 통해 역동적 평가가 교실 현장에서 어떻게 실천될 수 있는지 국어 교과와 수학 교과를 중심으로 살펴보자.

국어 교과 역동적 평가 실행의 예

국어 교과에서는 교사와 학생의 상호작용이 비교적 긴 시간 동안 깊이 있게 진행되어야 하는 글쓰기 활동이 많다. 따라서 평가 등록 모형을 활용하면 국어 교과에서 역동적 평가를 효과적으로 실행할 수 있다.

2015 개정 교육과정 4학년 국어과 1학기 '8단원. 이런 제안 어때요'의 교수학습평가 중심 과제 '생활 속 문제 해결 제안 글쓰기'를 실행하는 과정 중 '제안하는 글 개요 작성하기' 활동에서 역동적 평가의 실행 모습을 살펴보자. 교수학습평가 장면은 김유섭, 권태섭, 정세빈, 세 학생의 사례를 중심으로 설명하겠다. 학생들이 속해 있는 학급의 인원은 모두 23명이다.

우선 넓은 의미의 과정 중심 평가로서 학생들의 성격적 특성, 선호 사항, 가정 배경, 장애 여부, 교우 관계 그리고 현재 학업 수준 등에 대해 살펴본 내용은 다음과 같다.

김유섭 학생은 밝은 성격의 학생으로 모든 일에 적극적인 모습을 보인다. 특히 자신이 좋아하는 체육 활동이나 수학 문제 풀이에서 우수한 모습을 보인다. 국어 글쓰기의 경우에는 크게 흥미를 느끼지는 못하지만 열심히 하는 모습을 보인다. 가정이나 교우 관계에서도 큰 어려움을 겪지 않는 것으로 보이고 특별한 신체적 장애도 없는 것으로 보인다. 이번 '8단원. 이런 제안 어때요' 이전 '4단원. 일에 대한 의견'의 '학급에서 일어난 일에 대한 의견 글쓰기'에서 글의 개요를 작성할 때를 제외하고 모든 활동을 독립적으로 수행해 글을 완성하였다.

권태섭 학생은 신체 활동을 좋아하고 활기찬 학생이다. 하지만 가끔은 다소 산만한 모습을 보여 정적인 학습 활동에 잘 참여하지 못하는 것으로 보인다. 특히, 국어 글쓰기와 같은 활동에서 쉽게 지치고 포기하려는 모습을 보인다. 가정이나 교우 관계 그리고 신체적인 장애와 관련해서 특별한 어려움은 보이지 않는다. 이번 '8단원. 이런 제안 어때요' 이전 '4단원. 일에 대한 의견'의 '학급에서 일어난 일에 대한 의견 글쓰기'에서 많이 힘들어하는 모습을 보여 소재 찾기부터 글을 완성할 때까지 과제 수행의 전 과정을 교사와 공동으로 수행해 글을 완성하였다.

정세빈 학생은 신중한 성격의 학생으로 자신이 잘하는 것에는 흥미를 느끼고 적극적으로 참여하지만 그 외의 것에서는 다소 소극적인 모습을 보인다. 국어 글쓰기의 경우에는 자신이 좋아하고 잘한다고 생각하는 활동이므로 열심히 참여하는 모습을 보인다. 가정이나 교우 관계에서도 큰 어려움은 없고 특별한 신체적 장애 역시 없는 것으로 보인다. 이번 '8단원. 이런 제안 어때요' 이전 '4단원. 일에 대한 의견'의 '학급에서 일어난 일에 대한 의견 글쓰기'에서 교사의 안내를 받아 개요를 작성한 것 외에 모든 활동을 독립적으로 수행해 글을 완성하였다.

2015 개정 교육과정 4학년 국어과 1학기 '8단원. 이런 제안 어때요'의 교수학습평가 중심 과제를 수행하기 위한 역동적 평가 계획은 〈표 32〉와 〈표 33〉과 같다. 〈표 32〉는 역동적 평가 실행을 위해 필요한 모든 내용을 기록한 양식이다.

표 32. 국어 교과 역동적 평가 계획의 예

① 교수학습평가 기본 정보						
학년 / 학기	4학년 1학기	교과	국어	단원	8단원. 이런 제안 어때요	

② 학습 계열 확인		
이전 학습 내용	본 학습 내용	후속 학습 내용
4학년 1학기 4단원 – 사실과 의견을 생각하며 글을 읽고 쓸 수 있다.	4학년 1학기 8단원 – 제안하는 글을 쓸 수 있다.	4학년 2학기 5단원 – 문장의 짜임을 생각하며 의견을 제시하는 글을 쓸 수 있다.

③ 교수학습평가 중심 과제 선정

성취 기준 분석		교과 역량 분석		본 학습 내용의 활동 제재	
성취 기준	[4국03-03] 관심 있는 주제에 대해 자신의 의견이 드러나게 글을 쓴다.	**교과 역량**	비판적·창의적 사고 역량	제안하는 글쓰기	
지식	• 자신의 의견을 드러내는 글의 짜임 • 자신의 의견이 드러나게 글을 쓰는 방법	**교과 역량 반영 활동**	• 생활 주변의 문제점 찾기 • 문제점 해결 방법 찾기		
기능	• 자신의 의견이 드러나는 글쓰기				
태도	• 글을 통하여 자신의 의견을 나타내는 것의 중요성을 알고 실천하고자 하는 태도				
1차 중심 과제 선정	자신의 의견을 나타내는 글쓰기	**2차 중심 과제 선정**	생활 주변의 문제점과 해결 방법에 대한 자신의 의견 글쓰기	**최종 중심 과제 선정**	생활 속 문제 해결 제안 글쓰기(생활 주변의 문제점에 대한 해결 방법을 제안하는 글쓰기)

④ 학생 진단 계획	1. 이전 학습 단계에서 사실에 대한 의견이 드러나는 글쓰기 과제를 완수하였는가?
	2. 이전 학습 단계에서 사실에 대한 의견이 드러나는 글쓰기 과제를 혼자서 완수하였는가?
	3. 이전 학습 단계에서 사실에 대한 의견이 드러나는 글쓰기 과제를 수행할 때 어떤 어려움들이 있었는가?
	  – 사실과 의견을 구분하여 글쓰기를 하였는가?
	  – 적절한 소재를 찾을 때 어떤 어려움이 있었는가?
	  – 글의 개요를 작성 시 어떤 어려움이 있었는가?
	  – 글의 내용을 논리적으로 일관되게 작성하는 데 어떤 어려움이 있었는가?
	  – 글의 개요에 따라 글을 완성 시 어떤 어려움이 있었는가?
	4. 이전 학습 단계에서 사실에 대한 의견이 드러나는 글쓰기 과제 수행 시 어떤 지원을 받았는가?

과정 중심 평가
역동적 평가로 실천하기

⑤ 교수학습평가 중심 과제 수행 해석 계획

수행 요인 실시 확인		예상되는 어려움	예상되는 어려움에 대한 지원 계획
과정해석	**포함 내용 알기** 제안하는 글에 포함해야 하는 내용에 대해 설명할 수 있는가?	글쓰기와 관련된 지식들을 암기하는 데 어려움을 가짐.	• 글쓰기와 관련된 지식들을 재지도하고 재시험을 통해 확인 • 제안하는 글쓰기에서 참고할 수 있도록 글쓰기와 관련된 지식들을 정리한 별도의 자료를 제공
	글의 구조 알기 제안하는 글의 구조에 대해 설명할 수 있는가?		
	글 쓰는 방법 알기 제안하는 글을 쓰는 절차에 대해 설명할 수 있는가?		
	글쓰기 제안하는 글의 제재인 생활 주변의 문제점을 찾았는가?	생활 주변의 문제점들에 대해 깊이 고민을 하지 않음	• 생활 주변의 문제점들에 대한 탐색을 안내하는 질문들의 제공
	제안하는 내용과 제안하는 까닭을 작성할 수 있는가?	제안하는 내용과 제안하는 까닭이 논리적으로 일관되지 않음	• 제안하는 내용과 제안하는 까닭이 논리적 일관성을 점검하는 질문들을 제공
	제안하는 글의 구조에 따라 개요를 작성하였는가?	글의 구조에 따라 내용을 배치하지 못함	• 글의 구조에 따라 각 부분에 들어가야 하는 내용을 구어적 설명, 글의 구조에 따라 내용을 배치하는 시범 보이기 그리고 이후 수정해야 하는 부분에 수정 내용을 직접적으로 메모하여 알려주는 순으로 강도를 높여가며 지원을 제공
	개요를 바탕으로 제안하는 글을 작성하였는가?	개요에 작성된 내용의 순서를 지키지 않고 글을 작성함	• 개요의 순서대로 내용을 배치하면 글이 된다는 것에 대해 재설명 • 개요의 순서대로 내용을 배치하고 글을 완성하는 것에 대해 시범

	중심 과제 완수 여부	중심 과제 수행 시 지원의 정도			교수학습 목표 도달 기준
결과 해석	'생활 속 문제 해결 제안 글쓰기'를 완성하였는가?	독립적으로 수행	교사 지원을 통한 수행	교사와의 공동 수행	학생이 독립적으로 또는 교사의 지원을 바탕으로 생활 속 문제 해결 제안 글쓰기를 완성하였는가?

⑥ 교수학습평가 중심 과제의 차시별 활동 계획

교과용 도서 진도 계획		재구성 활동 〈가(加)〉내용 더하기, 〈감(減)〉내용 빼기, 〈변(變)〉내용 바꾸기	교수학습평가 중심 과제 진도 계획	
차시	활동		차시	활동
1	제안하는 글에 대해 알기		1	제안하는 글에 대해 알기
2	문장의 짜임에 대해 알기	4학년 2학기 '5단원. 의견이 드러나게 글을 써요' 단원에 통합		
3	문장의 짜임에 대해 알기			
4	제안하는 글을 쓰는 방법 알기		2	제안하는 글을 쓰는 방법 알기
5	제안하는 글을 쓰는 방법 알기		3	제안하는 글을 쓰는 방법 알기
6	제안하는 글을 쓰고 발표하기	학생들이 중심 과제와 이와 관련된 수행 요인들에 대해 실질적으로 연습할 수 있도록 활동의 단계를 자세히 표현하고 시수를 3차시 추가함. 추가 시수는 국어 교과 학기 말 담임 심화 보충 활동 시간을 활용하여 확보함.	4	생활 주변의 문제점 찾기
7	제안하는 글을 쓰고 발표하기		5	제안하는 글 개요 작성하기 – 제안하는 내용과 제안하는 까닭 작성하기
			6	제안하는 글 개요 작성하기 – 글의 구조에 맞춰 내용 배치하기 및 내용 조사하기
			7	제안하는 글 개요 작성하기 – 글의 구조에 맞춰 내용 배치하기 및 내용 조사하기
			8	제안하는 글쓰기
			9	제안하는 글쓰기

⑦ 역동적 평가 결과 기록 계획

학생 이름 :

평가 결과 해석	중심 과제 완수 (O, ×)	중심 과제 수행 시 지원의 내용			목표 도달 여부 (O, ×)	학생의 성장과 발달 수준 해석
		독립적 수행	과제 수행 중 지원 내용	과제 수행 중 공동 수행 내용		
실천 과제	학생	교수			환경	
		교사		교육과정		

〈표 33〉은 필수 내용만을 가지고 작성한 양식이다.

표 33. 필수 내용만을 포함한 역동적 평가 계획

단원	성취 기준	교수학습 목표 도달 기준	수행 요인 실시 확인
8단원. 이런 제안 어때요	[4국03-03] 관심 있는 주 제에 대해 자 신의 의견이 드러나게 글 을 쓴다.	학생이 독립적으로 또 는 교사의 지원을 바탕 으로 생활 속 문제 해 결 제안 글쓰기를 완성 하였는가?	제안하는 글에 포함해야 하는 내용에 대해 설명 할 수 있는가? 제안하는 글의 구조에 대해 설명할 수 있는가? 제안하는 글을 쓰는 절차에 대해 설명할 수 있 는가?

			제안하는 글의 제재인 생활 주변의 문제점을 찾았는가?
			제안하는 내용과 제안하는 까닭을 작성할 수 있는가?
			제안하는 글의 구조에 따라 개요를 작성하였는가?
			개요를 바탕으로 제안하는 글을 작성하였는가?

　　본 학습 단계의 교수학습평가 중심 과제인 '생활 속 문제 해결 제안 글쓰기'를 위한 개요 작성 활동은 총3차시로 구성된다. 평가 등록 모형에 따라 평가를 받기 희망하는 학생들은 아래 〈표 34〉와 같은 등록부에 자신의 이름을 등록하고 자리로 돌아간다.

표 34. 평가 등록 모형의 등록부

순번	학생 이름	평가 실시	순번	학생 이름	평가 실시
1	김형섭	∨			
2	김현승	∨			
3	한세미	∨			
4	김유섭				
5	정세빈				

자리로 돌아간 학생들은 교사가 제공한 과제 점검 체크 리스트를 활용해 자신의 순서가 될 때까지 과제를 점검하고 수정한다. 이때 사용되는 과제 점검 체크 리스트의 내용은 '과제 수행 해석'에서 '예상되는 어려움'의 내용을 바탕으로 질문들을 작성하여 제공한다. 학생들이 활용한 과제 점검 체크 리스트는 〈표 35〉와 같다.

표 35. 과제 점검 체크 리스트

번호	확인 내용	확인(O, X)
1	제안하는 내용에 적절한 까닭을 제시하였나요?	
2	글의 첫 부분에 들어갈 내용은 무엇인가요?	
3	글의 구조에 따라 첫 부분에 들어갈 내용은 적절한가요?	
4	글의 중간 부분에 들어갈 내용은 무엇인가요?	
5	글의 구조에 따라 중간 부분에 들어갈 내용은 적절한가요?	
6	글의 마지막 부분에 들어갈 내용은 무엇인가요?	
7	글의 구조에 따라 마지막 부분에 들어갈 내용은 적절한가요?	

학생은 자신의 순서가 되어 교사가 호명하면 앞으로 나와 수행한 과제를 교사와 함께 평가하고 수정할 부분들을 확인한다. 김유섭 학생의 평가 내용을 살펴보면 다음과 같다.

교사 : 유섭아, 어떻게 글을 쓸지 개요를 가지고 설명해줄래?

김유섭 학생 : 학생들에게 제안하는 글을 쓸 거고요. 처음에는 제 안하는 내용을 쓰고 그다음에는 제안하는 까닭으로 음식물쓰레 기 내용이랑 음식 때문에 죽는 동물들에 대해 쓸 거예요. 그리고 마지막에는 음식물쓰레기를 만들지 말자고 다시 얘기하고 끝낼 거예요. 제가 작성한 개요예요.

글을 읽는 사람	처음 - 제안하는 내용	중간		마지막 - 제안하는 내용 강조하기
		제안하는 까닭	자세한 내용	
○○ 초등 학교 학생들	음식을 남기지 않았 으면 좋겠습니다.	음식을 남기면 쓰레 기가 생겨 환경이 오염됩니다.	음식물쓰레기로 환 경이 오염되는 모습 을 조사하여 쓰겠습 니다.	음식을 남기지 않으 면 환경을 보호하고 생명을 구할 수 있습 니다. 음식을 남기지 맙시다.
		우리의 음식을 위해 죽는 많은 생명들이 있습니다.	우리의 음식 재료가 되는 귀여운 동물들 의 사진을 조사해서 글에 넣겠습니다.	

교사 : 좋아. 자세한 내용은 어떻게 조사할 거야?

김유섭 학생 : 컴퓨터실 가서 인터넷으로 조사하려고요.

교사 : 그래. 선생님이 컴퓨터실을 사용한다고 신청해놨으니까 지금

컴퓨터실로 가서 조사해도 좋아. 그리고 지난번 사회 시간에 했던 것처럼 조사한 내용은 한글 파일로 저장해서 선생님 이메일로 보내렴.

김유섭 학생의 예와 같이 평가 등록 모형에서는 학생이 한 과제에서 수행이 완료되면 다른 학생들이 동일한 과제의 수행을 완료할 때까지 기다리는 것이 아니라 그다음 단계로 바로 진행하도록 한다. 이렇게 함으로써 학생들이 자신의 속도에 맞춰 과제를 수행할 수 있도록 한다. 등록부의 순서에 따라 다음 학생인 정세빈 학생이 수행한 과제를 교사와 함께 평가하고 수정할 부분들을 확인한다. 정세빈 학생의 평가 내용을 살펴보면 다음과 같다.

교사 : 세빈아, 어떻게 글을 쓸지 개요를 가지고 설명해줄래?
정세빈 학생 : 교장선생님께 학교 규칙을 적은 안내판을 설치해달라고 제안하려고요. 처음에는 학교 규칙 안내판을 설치해달라는 제안하는 내용을 쓰고 그다음에는 제안하는 까닭 두 가지를 쓸 거예요. 그리고 마지막에는 다시 한 번 안내판 설치해달라고 얘기하면서 마무리 지을 거예요.
교사 : 세빈아, 개요 좀 보여줄래?
정세빈 학생 : 네.

글을 읽는 사람	처음 – 제안하는 내용	중간		마지막 – 제안하는 내용 강조하기
		제안하는 까닭	자세한 내용	
○○ 초등 학교 교장 선생님	학교 규칙 안내판을 설치해주셨으면 좋겠습니다.	저는 우리 학교의 규칙이 궁금합니다.		안내판을 설치해 학생들이 학교 규칙을 잘 알 수 있었으면 좋겠습니다.
		학교 규칙을 알면 학생들이 학교생활을 좀 더 잘 할 수 있습니다.	학교 규칙 속 학생들이 지켜야 할 내용들	

교사 : 세빈아, 까닭에 보니까 네가 학교 규칙이 궁금해서 알고 싶은 거구나? 그런데 안내판까지 설치할 필요가 있을까?

정세빈 학생 : 저도 궁금한데. ○○이랑, ○○도 궁금하다고 했어요.

교사 : 그럼 세빈이만 궁금한 게 아니라 우리 학교 학생들 중에 궁금해하는 학생들이 많나 보구나. 그럼 까닭을 '저는 우리 학교의 규칙이 궁금합니다'가 아니라 다른 말로 바꿔야 할 것 같구나. 어떤 말로 바꿀 수 있을까?

정세빈 학생 : '우리 학교 학생들 중에 학교 규칙을 궁금해하는 학생들이 많습니다'가 좋을 것 같아요.

교사 : 그럼, 거기에 대해 자세한 내용은?

정세빈 학생 : 몇 명이나 궁금해하는지 조사해보면 어떨까요?

교사 : 좋을 것 같다. 전교생을 다 하면 힘드니까, 우리 반 친구들한테

만 물어보는 것은 어떨까?

정세빈 학생 : 좋아요.

교사 : 그럼, 지금 바로 고칠 수 있는 내용은 고치고, 조사는 쉬는 시
간 이용해서 하는 걸로 하자. 그리고 학교 규칙은 선생님이 인쇄해서
줄 테니까 그것을 보고 학생들이 지켜야 할 내용들을 적으면 되겠다.
(정세빈 학생은 교사가 제시한 내용을 바탕으로 개요를 완성하여 다
시 평가를 받았다. 처음 평가는 6차시에 실시하였고 재평가는 7차시
에 실시하였다.)

교사 : 세빈아, 개요 완성했어?

정세빈 학생 : 네. 선생님이랑 이야기한 것들을 한 번 넣어봤어요.

| 글을 읽는 사람 | 처음
– 제안하는 내용 | 중간 | | 마지막
– 제안하는 내용 강조하기 |
		제안하는 까닭	자세한 내용	
○○ 초등 학교 교장 선생님	학교 규칙 안내판을 설치해주셨으면 좋겠습니다.	우리 학교 학생들 중 학교 규칙에 대해 궁금해하는 학생들이 많습니다.	○○초등학교 4학년 1반 학생들 24명 중 18명이 학교 규칙이 있는 줄 몰랐고 20명이 알고 싶어 했습니다.	안내판을 설치해 학생들이 학교 규칙을 잘 알면 좋을 것 같습니다. 학교 규칙 안내판을 설치해주셨으면 좋겠습니다.
		학교 규칙을 알면 학생들이 학교생활을 좀 더 잘 할 수 있습니다.	학교 규칙 속에는 등교 시간, 휴대전화 보관 방법, 학교폭력 등과 같이 학생들이 지켜야 할 규칙들이 있었습니다.	

정세빈 학생의 경우처럼 많은 학생들이 교사에게 지원을 받고 자신의 과제를 수정하는 과정을 거친다. 이와 같이 교사와 학생의 상호작용이 비교적 긴 시간 동안 깊이 있게 진행되어야 하는 활동은 한 차시 동안 모든 활동을 마무리하기에 어려움이 있다. 그래서 본 예시에서도 3차시에 걸쳐 글의 개요를 작성하도록 하였다. 하지만 한 활동에 3차시를 편성했다고 하더라도 이를 하루에 연속되는 차시로 편성하는 것은 효과적인 활동에 방해가 된다. 따라서 3차시를 편성할 때는 〈표 36〉과 같이 요일을 모두 다르게 분산해서 편성하는 것이 좋다.

표 36. 차시 분산 편성의 예

월	화	수	목	금
5차시. 제안하는 글 개요 작성하기 – 제안하는 내용과 제안하는 까닭 작성하기		6차시. 제안하는 글 개요 작성하기 – 글의 구조에 맞춰 내용 배치하기 및 내용 조사하기		7차시. 제안하는 글 개요 작성하기 – 글의 구조에 맞춰 내용 배치하기 및 내용 조사하기

〈표 36〉과 같이 차시를 분산 편성하면 수업 시간에 과제를 마무리 짓지 못한 학생들에게 추가적인 과제 수행 시간을 부여할 수 있다. 예를 들면 6차시에서 교사에게 지원을 받고 난 후 개요를 수정하지 못한 학생에게 아침 과제 시간을 제공하여 과제를 완성할 수 있도록 해주는 것이다. 이를 통해 학생과 교사는 시간에 구애받지 않고 깊이 있게 고민하

며 교수학습평가 중심 과제를 수행해나갈 수 있다.

다른 학생들이 모두 평가를 받을 때까지 권태섭 학생은 한 번도 평가를 신청하지 않았다. 권태섭 학생을 불러 과제 수행에 대해 확인해본 결과 권태섭 학생은 개요를 작성하지 않았다. 권태섭 학생과 교사와의 대화는 다음과 같다.

교사 : 태섭아, 혹시 오늘 무슨 일 있니?

권태섭 학생 : 특별한 일은 없어요.

교사 : 아프지는 않고?

권태섭 학생 : 네.

교사 : 그렇구나. 개요 작성하는 것이 어렵니?

권태섭 학생 : 네.

교사 : 그럼 선생님이 좀 도와줄까?

권태섭 학생 : 네.

교사 : 혹시 제안하려는 내용은 정했니?

권태섭 학생 : 아니요.

교사 : 학교에서 생활하는 데 우리가 고쳐야겠다고 생각한 것들이 있니?

권태섭 학생 : 음… 친구들이 어디 갈 때 줄을 잘 서지 않아서 늦을 때가 있어요.

교사 : 그럼 친구들에게 '줄을 잘 서자'라고 제안하는 것은 어떨까?

권태섭 학생 : 좋아요.

교사 : 그럼, 왜 줄을 잘 서야 하는 걸까?

권태섭 학생 : 줄을 잘 서지 않고 가다 보면 너무 소란스러워져요.

교사 : 그리고?

권태섭 학생 : 줄을 잘 서지 않고 가다가 다른 사람과 부딪힐 수가 있어요.

교사 : 그렇구나. (개요 작성 양식을 보여주면서) 그럼 태섭이가 이야기한 내용을 선생님이 보여주는 표에 넣어볼래?

권태섭 학생 : 네.

(시간이 흐른 후, 권태섭 학생이 평가를 신청하지 않아 교사가 또다시 부른다.)

교사 : 태섭아, 어떤 부분이 잘 안 되니?

권태섭 학생 : 어려워요.

교사 : 그럼 선생님이랑 같이 해볼까?

권태섭 학생 : 네.

(교사는 학생에게 개요를 왜 작성하는지부터 시작하여 글의 각 부분에 어떤 내용이 들어가는지를 다시 설명하며 학생과 공동으로 개요를 완성한다.)

글을 읽는 사람	처음 - 제안하는 내용	중간		마지막 - 제안하는 내용 강조하기
		제안하는 까닭	자세한 내용	
○○ 초등 학교 학생들	학교에서 다 함께 이동할 때 줄을 잘 섰으면 좋겠습니다.	줄을 서지 않고 이동하면 소란스러워져서 다른 사람들에게 피해를 줄 수 있습니다.	지난주에 줄을 서지 않고 소란스럽게 영어 교실로 가다가 옆 반 선생님께서 너무 시끄러워 방해가 된다고 말씀하셨던 일	학교에서 다 함께 이동할 때 줄을 잘 섭시다.
		줄을 서지 않고 이동을 하면 다른 사람과 부딪혀서 다칠 수 있습니다.	점심시간에 급식실로 가던 중에 줄을 서지 않고 갑자기 뛰어나와 앞에 오던 친구와 부딪혔던 일	

권태섭 학생의 경우와 같이 역동적 평가에서는 학생이 과제를 완수하는 것이 무엇보다도 중요하다. 그리고 그 과정에서 학생에게 적절한 지원을 했는지 점검해보고 그 지원의 종류와 양을 바탕으로 학생의 성장과 발달 수준을 판단하며 다시 필요한 지원을 제공하는 것이다.

권태섭 학생의 경우에서 교사는 학생에게 질문을 통해 중심 과제를 수행하는 과정을 안내하는 방식으로 지원하였다. 하지만 이를 통해서도 과제를 수행하지 못하자 교사는 학생과 공동으로 개요 작성 과제를 완수하였다. 이와 같이 학생이 교수학습평가 중심 과제를 완수하는 과정에서 교사는 점진적으로 지원의 강도를 늘려가는 방식을 취함으로써 학생의 현재 성장과 발달 수준을 파악하고 적절한 지원을 제공할 수 있다. 이후 김유섭 학생과 정세빈 학생은 개요를 바탕으로 교사의 지원 없이 글쓰기를 완성하였고, 권태섭 학생은 교사와 공동으로 글쓰기를 완성하였다.

위와 같이 역동적 평가를 실시하는 데 있어 다인수 학급의 교사들 대다수는 시간이 부족할 것에 대해 많은 걱정을 한다. 사실 시간이 적게 걸리는 것은 아니지만 시간이 부담스러울 정도로 많이 걸리는 것도 아니다. 왜냐하면 역동적 평가에서는 교수, 학습 그리고 평가가 모두 하나로 융합되어 교수학습평가 활동으로 이루어지기 때문이다. 즉 평가를 위한 시간을 별도로 편성하는 것이 아니라 교수학습을 위한 시간이 곧 평가 시간이기 때문에 물리적인 시간의 부족은 사실상 거의 없다. 그리고 학생들을 개인적으로 평가하고 지원한다고 하더라도 모든 학생들에게 같은 시간을 할당하는 것은 아니다. 교실에는 김유섭 학생처럼 지원이 거의 필요 없는 학생들도 다수 존재한다. 이렇게 평가와 지원에 많은 시간이 필요한 학생들도 있지만 거의 시간이 들지 않는 학생들도 있기에 이 둘을 모두 고려한다면 시간도 크게 부족하지 않다. 다만 역동적 평가에 익숙하지 않아 실행하는 과정에서 발생하는 시행착오로 인해 불필요한 시간이 들 때가 있다. 이와 같은 경우에는 역동적 평가 활동에 대한 교사의 반성적 성찰을 통해 개선할 수 있다.

수학 교과 역동적 평가 실행의 예

수학 교과에서는 짧은 시간 동안 진행되고 학생의 어려움이 관찰되면 즉각 지원을 제공할 수 있는 지필 평가와 같은 형태의 교수학습평가 활동이 많다. 따라서 순회 평가 모형을 활용하면 수학 교과에서 역동적 평가를 효과적으로 실행할 수 있다.

2015 개정 교육과정 3학년 2학기 '1단원. 곱셈'의 교수학습평가 중심 과제 '올림이 여러 번 있는 (두 자릿수)×(두 자릿수) 계산하기'를 실행하는 과정에서 역동적 평가의 실행 모습을 권재영 학생을 중심으로 살펴보고자 한다. 학급의 인원은 모두 25명이다.

우선 넓은 의미의 과정 중심 평가로서 권재영 학생의 성격적 특성, 선호 사항, 가정 배경, 장애 여부, 교우 관계 그리고 현재 학업적 수준 등에 대해 살펴본 내용은 다음과 같다. 권재영 학생은 조용한 성격의 학생으로 모든 일에 성실한 모습을 보인다. 교과 공부에서 우수한 모습을 보이지 않지만 자신의 부족한 부분을 채워가려고 노력한다. 가정이나 교우 관계에서도 큰 어려움을 겪지 않는 것으로 보이고 특별한 신체적 장애도 없는 것으로 보인다. 하지만 절차가 복잡한 과제나 동시에 여러 가지 과제를 처리해야 할 때 많이 혼란스러워하며 생각을 잘 정리하지 못하는 모습을 보인다. 이번 곱셈 진단 평가에서도 여러 가지 활동을 동시에 처리해야 하는 올림이 있는 곱셈 계산에서 많은 어려움을 보였다.

2015 개정 교육과정 3학년 2학기 '1단원. 곱셈'의 교수학습평가 중

심 과제를 수행하기 위한 역동적 평가 계획은 〈표 37〉과 같다.

표 37. 3학년 2학기 '1단원. 곱셈'의 역동적 평가 계획

단원	성취 기준	교수학습 목표 도달 기준	수행 요인 실시 확인	
1. 곱셈	[4수01-05] 곱하는 수가 한 자릿수 또 는 두 자릿수 인 곱셈의 계 산 원리를 이 해하고 그 계 산 을 할 수 있다.	학생이 독립적으로 올 림이 여러 번 있는 (두 자릿수)×(두 자릿수) 연산 문제 10문제와 문장제 문제 5문제 중 12문제 이상을 정확하 게 해결하였는가?	곱셈구구	• 곱셈을 활용한 게임 활동을 통 해 곱셈구구를 반복 암기 • 필요한 곱셈구구를 미리 연습 후 중심 과제 수행
			올림의 방법	
			곱셈 결과의 자릿값	• 전략을 통한 지도 세로선 긋기 전략 지도
			곱셈의 계산 절차	

수학 교과의 역동적 평가에서 적용되는 기본 평가 원리 중 하나가 누적적 평가(cumulative assessment)이다. 수학 교과, 특히 수와 연산 영역의 지식과 기술은 위계적인 성격이 강해서 앞선 단계의 지식과 기술이 다음 단계의 학습에 큰 영향을 미친다. 따라서 수학 교과의 학습 과정에서는 현재의 내용뿐만 아니라 앞선 단계의 학습 내용까지 계속해서 평가하면서 학생의 현재 성장과 발달 수준을 파악해

야 한다.

3학년 2학기 '1단원. 곱셈'에서 누적적 평가의 예는 〈표 38〉과 같다. 〈표 38〉에서와 같이 문제를 편성할 때 앞선 학습 내용의 문제를 50%, 현재 학습 내용의 문제를 50%의 비율로 편성하는 것이 좋다. 그리고 '5차시. 올림이 없는 (몇 십)×(몇 십), (몇 십 몇)×(몇 십 몇)'에서 '올림이 없는 (세 자릿수)×(세 자릿수) 문제 2개'를 삭제한 것과 같이 충분히 학습되었고 다른 내용과 중복된다고 판단되는 내용들은 평가 문항에서 삭제할 수 있다. 이와 같은 누적적 평가가 중심 과제 수행의 최종 평가까지 이어진다. 누적적 평가를 통해 교사는 교수학습평가 중심 과제를 수행하는 데 필요한 수행 요인들 중에서 학생이 어떤 것에 어려움을 갖는지 파악하고 지원할 수 있다. 3학년 2학기 '1단원. 곱셈'에서 누적적 평가 원리를 적용하여 역동적 평가를 실시하였다.

표 38. 수학 교과 누적적 평가의 예시

차시 내용	차시별 평가 내용
2차시 – 올림이 없는 (세 자릿수)×(세 자릿수)	• 올림이 없는 (세 자릿수)×(세 자릿수) 문제 10개
3차시 – 일의 자리에서 올림이 있는 (세 자릿수)×(세 자릿수)	• 올림이 없는 (세 자릿수)×(세 자릿수) 문제 5개 • 일의 자리에서 올림이 있는 (세 자릿수)×(세 자릿수) 문제 5개

4차시 – 십의 자리, 백의 자리에서 올림이 있는 (세 자릿수)×(세 자릿수)	• 올림이 없는 (세 자릿수)×(세 자릿수) 문제 2개 • 일의 자리에서 올림이 있는 (세 자릿수)×(세 자릿수) 문제 3개 • 십의 자리, 백의 자리에서 올림이 있는 (세 자릿수)×(세 자릿수) 문제 5개
5차시 – 올림이 없는 (몇 십)×(몇 십), (몇 십 몇)×(몇 십 몇)	• 일의 자리에서 올림이 있는 (세 자릿수)×(세 자릿수) 문제 2개 • 십의 자리, 백의 자리에서 올림이 있는 (세 자릿수)×(세 자릿수) 문제 3개 • 올림이 없는 (몇 십)×(몇 십), (몇 십 몇)×(몇 십 몇) 문제 5개
⋮	⋮

순회 평가 모형을 통한 수학 교과에서 역동적 평가의 실행 사례를 살펴보면 다음과 같다. 다음 사례는 순회 평가 모형 중 집단 형태의 지원 모습이다.

집단 지원 실행 사례

김민영 선생님 반은 오늘 곱셈 진단 평가를 보는 날이다. 김민영 선생님은 3학년 1학기 '4단원. 곱셈'에서 배운 내용을 활용해 연산 문제 10개를 만들었다. 문제는 모두 '십의 자리와 일의 자리에서 올림이 있는 (몇 십 몇)×(몇)'의 연산이었다. 김민영 선생님은 학생들이 곱셈구구는 잘 하는지, 곱셈 계산에서 올림을 할 수 있는지, 자릿값을 지켜 계산 결과를 기록하는지 그리고 곱셈의 계산 절차는 잘 알고 있는지를 확인하고 싶었다. 곱셈구구, 곱셈 계산의 올림, 곱셈 결과의 자릿값 그리고 곱셈의 계산 절차는 3학년 2학기 1단원에서 올림이 여러 번 있는 (두 자릿수)×(두 자릿수) 연산을 하는 데 필요한 선수 학습 지식 및 기술이다. 진단 평가지를 나눠주고 학급을 순회하면서 학생들이 과제를 수행하는 모습을 관찰하는 가운데 김민영 선생님은 많은 학생들이 올림에서 오류를 보이는 것을 확인하였다. 김민영 선생님이 확인한 오류는 아래와 같다.

$$
\begin{array}{r}
4\ 6 \\
\times\quad 4 \\
\hline
16\ 2\ 4
\end{array}
\qquad
\begin{array}{r}
\boxed{2} \\
4\ 6 \\
\times\quad 4 \\
\hline
1\ 6\ 4
\end{array}
\qquad
\begin{array}{r}
\boxed{2} \\
4\ 6 \\
\times\quad 4 \\
\hline
1\ 2\ 4
\end{array}
$$

김민영 선생님은 잠깐 시간을 내어 오류를 보이는 학생들에게 '(몇 십 몇)×(몇)'의 계산에서 올림을 하는 방법에 대해 다시 한 번 설명하였다.

"여러분 잠깐, 여기 볼까요? 여러분들 중에 곱셈을 할 때 올림 하는 것에 대해 헷갈리는 친구들이 있는 것 같아요. 그래서 선생님이 지금 잠깐 설명해줄 테니까 필요한 사람들은 설명을 듣고 문제를 계속 풀어보세요."

김민영 선생님은 진단 평가지에 없는 새로운 문제를 칠판에 적었다.

$$
\begin{array}{r}
2\ 4 \\
\times\quad 9 \\
\hline
\end{array}
$$

"여러분 이 문제를 볼까요? 24 곱하기 9입니다."

$$
\begin{array}{r}
\boxed{3}\ \ \ \\
2\ 4 \\
\times\quad 9 \\
\hline
6 \\
\end{array}
$$

"24 곱하기 9 계산을 할 때 4 곱하기 9부터 하죠? 그럼, 계산 결과는 36이 됩니다. 이때, 30은 십의 자리니까 올려줘야겠죠?"

$$
\begin{array}{r}
\boxed{3}\ \ \ \\
2\ 4 \\
\times\quad 9 \\
\hline
1\ 8\ 6 \\
\end{array}
\quad\rightarrow\quad
\begin{array}{r}
\boxed{3}\ \ \ \\
2\ 4 \\
\times\quad 9 \\
\hline
2\ 1\ 6 \\
\end{array}
$$

"그리고 20 곱하기 9를 하면 됩니다. 20 곱하기 9를 하면 얼마죠? 180이죠. 그런데 180만 쓰면 될까요? 아니죠. 방금 전 올려줬던 30까지 합쳐줘야겠죠? 180과 30을 더하면 210이 되죠? 그래서 답은 216이 됩니다."

김민영 선생님은 설명이 끝난 후 칠판을 깨끗이 지우고 다시 학생들이 과제를 수행하는 장면을 순회하면서 관찰했다. 설명 후 많은 학생들이 곱셈의 올림에서 오류를 확인하고 내용을 수정했다. 하지만, 몇몇 학생들은 여전히 올림에서 오류가 관찰되었다. 수업 시간이 끝나고 단원의 진단 평가가 마무리되었다.

김민영 선생님은 방과 후 학생들의 진단 평가지를 분석해보았다. 그중 권재영 학생은 10개의 문제 중 한 문제도 맞히지 못했다. 권재영 학생의 진단 평가지 응답 내용들 중 일부를 살펴보면 다음과 같다.

$$
\begin{array}{r}
4\ 6 \\
\times\ \ \ 4 \\
\hline
16\ 2\ 4
\end{array}
\qquad
\begin{array}{r}
2\ 3 \\
\times\ \ \ 8 \\
\hline
16\ 2\ 4
\end{array}
\qquad
\begin{array}{r}
1\ 5 \\
\times\ \ \ 7 \\
\hline
7\ 3\ 5
\end{array}
$$

김민영 선생님은 권재영 학생이 곱셈구구 그리고 곱셈 계산 절차에는 큰 문제가 없으나 올림의 방법이나 자릿값에 대해 아직 개념이 충분히 자리 잡지 못했다고 해석했다. 그리고 이중 특히 이미 추가적인 지도를 했으나 개선되지 않은 올림의 오류가 좀 더 심각하다고 판단하고 올림에 대한 개인 지도를 계획하였다.

김민영 선생님 반의 곱셈 진단 평가 장면을 통해 역동적 평가의 순회 평가 모형 실행 사례를 살펴보았다. 순회 평가 모형을 적용할 때 이번 사례와 같이 과제를 수행하는 과정에서 다수의 학생에게 공통된 오류가 발생한다면 학생 개인별로 설명을 해주는 것보다 집단 단위로 설명하는 것이 효율적이다. 다만, 집단이라는 다수를 대상으로 설명을 하기 때문에 교사는 교실 앞에서 큰 목소리로 설명을 하게 되는 경우가 많다. 이로 인해 불편을 느끼는 학생들도 있을 수 있기 때문에 사전에 양해를 구하는 것이 좋다. 그리고 학생들의 주의가 흐트러질 수 있기 때문에 설명은 가급적 짧고 간단하게 끝내는 것이 좋다.

　순회 평가 모형 중 일대일 형태의 지원 사례는 다음 3차시 수업과 4차시 전 보충학습 내용과 같다.

일대일 지원 실행 사례 - 도입

　김민영 선생님은 '3차시. 일의 자리에서 올림이 있는 (세 자릿수)×(세 자릿수)'의 연산 원리와 방법에 대해 설명 후 형성 평가를 실시하였다. 형성 평가 문제는 '2차시. 올림이 없는 (세 자릿수)×(세 자릿수)' 연산 문제 5개와 '3차시. 일의 자리에서 올림이 있는 (세 자릿수)×(세 자릿수)' 연산 문제 4개 및 문장제 1문제로 구성되었다. 김민영 선생님은 순회하며 학생들의 수행을 관찰하다가 권재영 학생이 '올림이 없는 (세 자릿수)×(세 자릿수)' 연산 5개의 문제는 무난

히 해결했으나 '일의 자리에서 올림이 있는 (세 자릿수)×(세 자릿수)'
연산 문제에서는 진단 평가와 같은 오류를 보이는 것을 관찰했다.

김민영 선생님은 백지 위에 계산식을 적어가며 일대일로 올림의
방법에 대해 권재영 학생에게 다시 설명했다. 이때 사용한 연산은 형
성 평가 문항에 포함된 연산이 아닌 새로운 연산이었다.

$$
\begin{array}{r}
3\ \ 2\ \ 6 \\
\times \qquad 3 \\
\hline
\end{array}
$$

"재영아, 이 문제를 볼까? 326 곱하기 3이야."

$$
\begin{array}{r}
\boxed{1} \\
3\ \ 2\ \ 6 \\
\times \qquad 3 \\
\hline
8
\end{array}
$$

"326 곱하기 3 계산을 할 때 6 곱하기 3부터 하지? 그럼 계산 결
과는 18이야. 이때, 10은 십의 자리니까 올려줘야겠지?"

$$
\begin{array}{r}
\boxed{1} \\
3\ \ 2\ \ 6 \\
\times \qquad 3 \\
\hline
6\ \ 8
\end{array}
\quad \longrightarrow \quad
\begin{array}{r}
\boxed{1} \\
3\ \ 2\ \ 6 \\
\times \qquad 3 \\
\hline
7\ \ 8
\end{array}
$$

"그리고 20 곱하기 3을 하면 60이지. 그런데 60만 쓰면 될까요? 방금 전 올려줬던 10까지 합쳐줘야겠지? 60과 10을 더하면 70이 되지?"

$$
\begin{array}{r}
\boxed{1}\;\;\;\;\;\;\;\; \\
3\;\;2\;\;6 \\
\times \;\;\;\;\;\;\; 3 \\
\hline
9\;\;7\;\;8
\end{array}
$$

"마지막으로 300 곱하기 3을 하면 900이 되지? 그래서 답은 978이 되는구나."

'3차시. 일의 자리에서 올림이 있는 (세 자릿수)×(세 자릿수)' 수업은 형성 평가까지 실시하고 마무리되었다. 김민영 선생님은 방과 후 학생들의 형성 평가지를 분석하였다. 권재영 학생의 경우 올림이 없는 곱셈은 5개의 문제 중 4개를 맞혔으나 올림이 있는 곱셈은 일대일 지도 이후에도 모두 틀렸다. 김민영 선생님은 다음 수학 수업 전 아침 활동 시간을 활용해서 권재영 학생에게 별도의 계산 전략을 가르칠 계획을 세웠다.

일대일 지원 실행 사례 – 전략

김민영 선생님은 권재영 학생에게 아침 활동 시간 20분을 활용해 곱셈의 올림에 대해 보충 지도를 하기로 했다. 이에 대해 학생에게 동의를 구한 결과 학생도 찬성해서 이틀 동안 별도의 보충 학습을 하기로 했다. 김민영 선생님은 평소에 권재영 학생이 여러 가지 활동을 동시에 수행해야 하는 과제에서 어려움을 겪는 모습을 보았다. 그래서 권재영 학생이 머릿속에서 여러 가지 정보를 동시에 처리하기 어렵다고 판단을 했다. 이에 따라 여러 정보를 동시에 처리하거나 유지해야 하는 활동을 최소로 만들 수 있는 곱셈 계산 전략을 만들고 권재영 학생을 지도하였다. 전략의 이름은 '세로 선 긋기 전략'이다. 전략의 내용은 다음과 같다.

	3	5	1
×			5
④	③	②	①
			5
	2	5	←
1	5	←	
1	7	5	5

1. 우선 곱셈 세로식에서 숫자들 사이에 다음과 같이 세로 선을 긋는다.
2. 곱셈은 일의 자릿수부터 계산해야 하므로 1×5를 먼저 계산하여 값을 적는다. 곱셈의 결과는 5이므로 일의 자리 칸인 ①번에 적는다.
3. 50×5를 계산 시 5×5를 계산 후 '1'에서 곱셈 값의 끝 자리를 적은 칸에서 왼쪽으로 한 칸 당겨 ③ ②번에 값을 적는다.
4. 300×5를 계산 시 3×5 계산 후 '2'에서 곱셈 값의 끝 자리를 적은 칸에서 왼쪽으로 한 칸 당겨 ④ ③번에 값을 적는다.
5. 각 칸의 값을 합해서 최종 값을 적는다.

김민영 선생님은 학생에게 '적당 적당'이라는 말을 통해 계산 절차를 암기시키셨다. '적당 적당'이라는 말은 '결과를 적고 당기고 적고 당기고'하는 계산 절차를 학생이 기억하기 쉽게 줄인 말이다. 그리고 곱셈 결과를 적을 때 '적고 당기고 적고 당기고'와 같은 반복이 왜 생기는 지에 대한 개념적 이해를 위해 곱셈 결과의 자릿값을 바탕으로 설명했다. 그리고 이틀 동안 권재영 학생이 '세로선 긋기 전략'을 연습할 수 있도록 별도의 과제를 제공하였다.

다음과 같이 김민영 선생님 반의 '일의 자리에서 올림이 있는 (세 자릿수)×(세 자릿수)' 수업 장면과 보충 학습 장면을 통해 역동적 평가에서 순회 평가 모형의 실행 사례를 살펴보았다. 순회 평가 모형을 적용할 때 이번 사례와 같이 학생에게 일대일 지원을 제공하는 경우가 있다. 이와 같은 경우 정규 수업 시간 내에 학생의 모든 어려움을 해결하고자 한다면 많은 부담과 무리가 따를 수 있다. 교사는 정규 수업 시간 내 학생에게 적당한 지원을 제공하되 어려움이 해결되지 않을 경우 별도의 지원을 계획해야 한다. 수업 시간 내 일대일의 개별적 지원에도 문제가 해결되지 않는 경우 권재영 학생과 같이 대부분 개인별 독특한 어려움을 원인으로 갖고 있는 경우가 많다. 따라서 교사는 학생의 수행 과정과 수행 결과를 해석하여 어려움의 원인을 찾고 이를 효과적으로 지원하기 위한 방법을 고안해야만 한다. 마지막으로 교사는 정규 수업 시간 외에 일대일 지원을 학생에게 추가적으로 제공할 때 반드시 학생의 동의를 구해야 한다. 이는 학생의 학습 동기에 중요한 영향을 미치는 부분으로 당연히 학습 결과로 이어지게 된다. 교사의 지원 이후 권재영 학생은 3학년 2학기 '1단원. 곱셈' 총괄 평가에서 전체 연산 10개의 문제와 문장제 5개의 문제 중 연산 7개, 문장제 0개의 문제를 맞혔다. 그리고 올림이 있는 곱셈 6개의 문제 중 3개를 맞혔다.

위와 같이 역동적 평가를 실시할 때 많은 교사들은 정규 수업 시간 내에서 학생들에게 추가적인 지원을 얼마만큼 제공할지에 대해 가장 많이 고민한다. 그리고 지원을 했지만 과제를 성공하지 못하는 학생이 있다면 정규 수업 시간 내내 그 학생만을 지원해야 하는지에 대해 의문을 갖기도 한다.

다인수 학급을 담당하는 교사의 입장에서는 수업 시간 내에 특정 집단 또는 특정 학생에게만 집중할 수는 없다. 교사는 모든 학생들의 수행을 관찰하고 해석하여 필요한 지원을 제공해야 한다. 그래서 정규 수업 시간 동안 한 학생의 어려움을 모두 해결할 수 있을 만큼 충분한 지원을 할 수 없는 경우도 많다. 하지만 역동적 평가에서 학생에 대한 지원은 반드시 정규 수업 시간 내에서만 이루어져야 하는 것은 아니다. 이번 사례에서와 같이 별도의 보충 학습 시간을 마련하여 실시할 수도 있는데 사실 이와 같은 경우가 더 효과적일 때가 많다. 따라서 정규 수업 시간 내에 학생의 어려움을 완벽히 해결하려고 하기 보다는 상황에 맞춰 줄 수 있는 최대한의 지원을 제공하고 이를 통해 해결되지 않았을 경우 별도의 보충 학습을 마련하여 지원하는 방식으로 진행한다면 좀 더 효과적인 역동적 평가를 실행할 수 있을 것이라 생각된다.

역동적 평가는 평가를 통해 학생의 성장과 발달을 지원해나간다는 원리만 지킨다면 다양한 형태로 실행될 수 있다. 교사는 역동적 평가를 하나의 고정된 평가 방법으로 생각할 것이 아니라 평가 패러다임으로 이해하고 자신의 특성, 학생의 특성 그리고 교실 환경에 맞춰 적합한 형태를 선택하고 실행해야 한다. 이와 같이 실행된 역동적 평가만이 학생의 성장과 발달에 실제적이고 효과적인 지원을 가능하게 한다.

4 역동적 평가 결과 기록하기

교사는 학생의 과제 수행 과정 또는 수행 결과에 대한 역동적 평가의 내용을 기록해야 한다. 역동적 평가 결과의 기록은 학생의 성장과 발달 과정에 대한 정보를 담고 있어야 한다. 앞서 살펴본 국어 교과의 사례를 바탕으로 역동적 평가 결과의 기록에 대한 예를 살펴보고자 한다.

역동적 평가 결과 기록 사례

국어 교과 속 역동적 평가의 사례에 나오는 김유섭 학생의 평가 결과 기록을 살펴보면 〈표 39〉와 같다. 〈표 39〉에서 김유섭 학생은 제안하는 글쓰기 과제에서 중심 과제를 독립적으로 완수해 목표에 도달했음을 알 수 있다. 목표 도달 여부는 김유섭 학생이 성취 기준에 기초한 교수학습 목표라는 외적인 기준에 비추어봤을 때 적절하게 성장과 발달하고 있음을 의미한다. 그리고 '학생의 성장과 발달 수준 해석'에서 진단 결과와 비교하여 학생의 성장과 발달 수준을 해석했다. 이때 지원의 양과 종류, 결과물의 수준 그리고 중심 과제 완수 여부라는 세 가지 측면에서 학생의 성장과 발달 수준을 해석하였다. 마지막으로 실천 과제에서 학생이 앞으로 더 나아가기 위해 개인적으로 어떤 과제를 실천해야 하는지 그리고 학생을 위해 교수학습 평가 환경에서는 어떤 수정과 지원을 해야 하는지에 대해 기록하였다. 김유섭 학생의 경우 교사와 교육과정에서는 지금 당장 특별한 추가 실천 과제가 필요하지 않아 내용을 기록하지 않았다.

이어서 권태섭 학생의 평가 결과 기록을 살펴보면, 권태섭 학생은 글쓰기 과제를 교사와 공동으로 수행해 완수하기는 하였으나 교수학습 목표에 도달하지는 못했다. 그리고 지원의 양과 종류, 결과물의 수준 그리고 중심 과제 완수 여부라는 세 가지 측면에서 학생의 성장과 발달 수준을 해석한 결과 이전보다 높은 수준의 과제를 포기하지 않고 끝까지 완수했다는 점을 제외하고 크게 나아진 점을 찾을 수 없다. 따라서 권태섭 학생에게는 현재의 상태를 개선하기 위해 추가적인 실천 과제의 제공이 필요하다. 권태섭 학생의 현재 성장과 발달의 수준을 바탕으로 학생, 교사 그리고 환경의 측면에서 추가적으로 실천해야 하는 과제들에 대해 기술하였다.

표 39. 역동적 평가 결과 기록의 예

⑦ 역동적 평가 결과 기록 계획

학생 이름 : 김유섭

<table>
<tr><td rowspan="2"></td><td rowspan="2">중심 과제
완수 여부
(O, ×)</td><td colspan="3">중심 과제 수행 시 지원의 내용</td><td rowspan="2">목표 도달
여부
(O, ×)</td><td rowspan="2">학생의 성장과
발달 수준 해석</td></tr>
<tr><td>독립적 수행</td><td>과제 수행 중
지원 내용</td><td>과제 수행 중
공동 수행 내용</td></tr>
<tr><td>평가
결과
해석</td><td>O</td><td>O</td><td></td><td></td><td>O</td><td>'4단원. 일에 대한 의견'
의 글쓰기 과제에서는 개
요를 작성하는 데 도움이
필요했으나 '8단원. 제안
하는 글쓰기'에서는 모든
활동을 독립적으로 수행
하여(지원의 양과 종류)
더 높은 수준의 글쓰기 과
제(결과물의 수준)를 성
공적으로 완수(중심 과제
의 완수 여부)하였음.</td></tr>
<tr><td rowspan="2"></td><td colspan="2" rowspan="2">학생</td><td colspan="2">교수</td><td colspan="2" rowspan="2">환경</td></tr>
<tr><td>교사</td><td>교육 과정</td></tr>
<tr><td>실천
과제</td><td colspan="2">제안하는 글쓰기를 단순한
수업 시간의 활동을 생각하
는 데서 벗어나 실제 생활
주변의 문제를 해결하는 방
법으로 활용하고자 노력한
다면 더 큰 성장이 있을 것
으로 생각됨</td><td>없음</td><td>없음</td><td colspan="2">긴 글을 쓰는 활동에서 종
이와 연필을 활용하다 보
니 글을 수정하는 데 많은
어려움이 있었음. 다음 글
쓰기 활동에서는 컴퓨터
워드 프로그램을 활용하
여 학생이 글을 좀 더 쉽
게 작성하고 편리하게 수
정할 수 있도록 해야 함.</td></tr>
</table>

학생 이름 : 권태섭

	중심 과제 완수 여부 (O, ×)	중심 과제 수행 시 지원의 내용			목표 도달 여부 (O, ×)	학생의 성장과 발달 수준 해석
		독립적 수행	과제 수행 중 지원 내용	과제 수행 중 공동 수행 내용		
평가 결과 해석	O			글의 제재 찾기부터 시작하여 글을 완성할 때까지 모든 활동을 교사와 공동으로 수행함	×	'4단원. 일에 대한 의견'의 글쓰기와 같이 '8단원. 제안하는 글쓰기'에서도 모든 활동을 교사와 공동으로 수행(지원의 양과 종류)하여 글쓰기 과제를 완수(중심 과제의 완수 여부)하였음. 하지만 글쓰기 과제의 수준이 이전보다 많이 높아졌음에도 불구하고 끝까지 완수한 것은 매우 의미 있는 행동임(결과물의 수준).

	학생	교수		환경
		교사	교육 과정	
실천 과제	글을 읽고 구조에 따라 중요 내용 파악하는 연습이 필요함. 그리고 이를 통해 글의 종류와 구조 그리고 그에 따른 내용의 배치에 대해 추가적으로 공부를 한다면 많은 발전이 기대됨. 9월 4일부터 방과 후 글쓰기 보충 수업에서 위의 내용을 실시할 예정이니 참여 바람.	• 방과 후 글쓰기 보충 수업에 학생의 참여를 유도해 학생이 글쓰기에 대한 보충 학습을 받을 수 있도록 함 • 글쓰기와 같은 정적인 활동을 학생이 힘들어하므로 활동 시간을 짧게 나눠 제공함으로써 학생이 몸을 움직여 기분을 환기할 수 있도록 해줌	없음	긴 글을 쓰는 활동에서 종이와 연필을 활용하다 보니 글을 수정하는 데 많은 어려움이 있었음. 다음 글쓰기 활동에서는 컴퓨터 워드 프로그램을 활용하여 학생이 글을 좀 더 쉽게 작성하고 편리하게 수정할 수 있도록 해야 함.

학생들에게 피드백을 제시할 때 많은 교사들은 모든 학생들의 피드백 내용이 개별화되어 학생들 서로 간에 다른 내용으로 제시되어야 한다고 생각한다. 역동적 평가에서도 피드백을 제공할 때 학생들의 성장과 발달 수준에 따라 개별화된 내용을 제시할 필요가 있다. 하지만 기계적이고 형식적으로 모든 학생들의 피드백을 개별화하여 제시할 필요는 없다. 경우에 따라 학생들의 성장과 발달 수준이 동일할 경우 또는 교사의 필요에 따라 같은 종류의 피드백을 제시할 수도 있다. 동일한 피드백을 제공한 예는 김유섭 학생과 권태섭 학생의 실천 과제 중 환경 차원에 기록된 내용에서 확인할 수 있다.

역동적 평가 결과에서 교사는 우선 학생의 현재 상태에 대한 정보와 성장 및 발달을 위한 실천 과제를 파악하고 기록해야 한다. 그리고 기록한 내용을 학생들에게 통지해야 한다. 역동적 평가 결과를 학생들에게 통지할 때 위의 역동적 평가 결과 기록 양식을 그대로 사용할 수도 있지만 학생의 입장에서 좀 더 자신의 정보를 이해하기 쉬운 형태로 제작하여 제공할 수 있다. 역동적 평가 결과 통지 양식을 별도로 제작할 때 '교과', '단원', '학습 목표(내가 도착해야 하는 목표는 무엇일까요?)', '학생의 현재 수준(나는 목표에 얼마나 가까이 있을까요?)', '성장과 발달 수준의 변화 정보(나의 변화 모습은 어떨까요?)' 그리고 '학생의 추가적인 실천 과제 제시(앞으로 내가 할 일은 무엇일까요?)' 등의 내용을 포함해야 한다. 〈표 40〉은 국어 교과에서 김유섭 학생과 권태섭 학생의 통지의 예이다.

표 40. 국어 교과에서 역동적 평가 별도의 통지 양식

4학년 1반 7번 김유섭				
단원	내가 도착해야 하는 목표는 무엇일까요?	나는 목표에 얼마나 가까이 있을까요?	나의 변화 모습은 어떨까요?	앞으로 내가 할 일은 무엇일까요?
8단원. 이런 제안 어때요	혼자서 또는 선생님의 도움을 받으며 생활 속 문제 해결 제안 글쓰기를 완성하였는가?	나는 목표에 도착했습니다.	'4단원. 일에 대한 의견'의 글쓰기 과제에서는 개요를 작성하는 데 도움이 필요했으나 '8단원. 제안하는 글쓰기'에서는 모든 활동을 독립적으로 수행하여 더 높은 수준의 글쓰기 과제를 성공적으로 완성하였습니다.	제안하는 글쓰기를 단순한 수업 시간의 활동으로 생각하는 데서 벗어나 실제 생활 주변의 문제를 해결하는 방법으로 활용하고자 노력한다면 더 큰 성장이 있을 것으로 생각됩니다.
4학년 1반 3번 권태섭				
8단원. 이런 제안 어때요	혼자서 또는 선생님의 도움을 받으며 생활 속 문제 해결 제안 글쓰기를 완성하였는가?	나는 목표를 향해 가고 있는 중입니다.	'4단원. 일에 대한 의견'의 글쓰기와 같이 '8단원. 제안하는 글쓰기'에서도 모든 활동을 선생님과 함께 수행하여 글쓰기 과제를 완성하였습니다. 하지만 글쓰기 과제의 수준이 이전보다 많이 높아졌음에도 불구하고 끝까지 완수한 것은 아주 훌륭합니다.	글을 읽고 구조에 따라 중요 내용 파악하기 연습을 함으로써 글의 종류와 구조 그리고 그에 따른 내용의 배치에 대해 추가적으로 공부를 한다면 많은 발전이 기대됩니다. 9월 4일부터 방과 후 글쓰기 보충 수업에서 실시할 예정이니 참가바랍니다.

과정 중심 평가
역동적 평가로 실천하기

역동적 평가 결과를 통지 시 학생에게 친근한 표현을 활용할 필요가 있다. 친근한 표현을 통하여 통지 내용에 대한 학생의 긴장감을 줄일 수 있고 이를 바탕으로 내용 이해에 대한 왜곡을 예방할 수 있다. 하지만 친근한 표현에만 초점을 맞추어 전달하고자 하는 내용이 흐려져서는 안 된다. 이 점을 유의하여 평가 통지에 사용할 언어들을 선정해야 한다. 그리고 통지 결과의 내용에는 역동적 평가 결과의 기록을 모두 넣을 필요가 없다. 역동적 평가 결과의 기록들 중 학생에게 꼭 필요한 내용들만 선별하여 제시해줄 필요가 있다. 위의 사례에서도 실천 과제 중 교수와 환경에 관한 내용은 제외하고 학생이 수행해야 할 과제들만 제시하였다. 이와 같이 역동적 평가 결과의 통지까지 이루어지면 평가의 한 단락이 마무리된다.

Dynamic Assessment

PART 5

학생의 성장과
발달 정보 공유

지금까지 학생 평가의 결과는 학부모에게 일방적으로 통지되었다. 하지만 교사는 학생의 성장과 발달의 지원을 위해 학부모와 양방향으로 정보를 공유할 필요가 있다. 양방향의 정보 공유를 통해 교사는 학급에서 자신이 파악하지 못한 학생의 성장과 발달 과정 전반에 대해 정보를 제공받을 수 있다. 학부모는 자신이 파악하지 못한 학생의 정보를 제공받음으로써 가정에서도 학생에게 도움을 줄 수 있다. 양방향의 정보 공유는 교사와 학부모 상호 간 협력적 관계를 형성하게 하고 학생에 대한 이해의 수준을 높일 수 있게 한다. 그리고 교사와 학부모의 협력적 관계는 학교와 가정에서 모두 학생의 성장과 발달에 적합한 지원을 가능하게 한다.

교사가 제공받을 수 있는 구체적인 정보의 예는 장애 여부, 가정 배경, 학생의 성격적 특성, 자라온 환경, 가정에서 보이는 정서적 문제, 성장 과정에서의 문제, 학부모와의 관계, 이전 학년에서의 학업적 수준 등에 대한 내용이다. 학부모가 제공받을 수 있는 구체적인 정보의 예는 학생의 과제 수행 결과, 과제의 오류, 학생의 현재 학업 수준, 교우 관계, 진단 평가 결과, 총괄 평가 결과 등의 내용이다.

많은 학부모와의 면담에서 학부모들은 교사와 학생의 정보에 대해 주기적으로 공유하기를 원한다고 했다. 학부모들은 특히 학생의 인성, 사회성 그리고 일상 및 학업적 관심사에 대한 정보를 중요하게 생각하는 것으로 보였다. 학생의 인성 및 사회성과 관련하여 학생이 또래 집단에서 리더십이 있는지 그리고 다른 친구들과 원만한 관계를 형성하고 있는지에 대한 좀 더 많은 정보를 원한다고 했다. 또한 학부모들은 학습과 관련된 정보의 공유에 대해서도 중요하게 생각했다. 학부모들은 교사와 학업적 정보를 공유함으로써 아이를 좀 더 정확하게 이해할 수 있고 이를 통해 자신의 불안감을 해소할 수 있다고 하였다. 이렇게 학부모의 불안감이 해소된다면 과도한 사교육에 집중하는 문제 또한 해결할 수 있지 않을까 생각한다.

교사와 학부모의 정보 공유는 크게 학부모 상담 활동과 평가 결과 통지표를 통해 실시할 수 있다.

상담을 통한 정보 공유

학교 현장에서 학부모의 상담은 일반적으로 학부모 상담 주간 동안 이루어지는 정기 상담과 필요시마다 실시되는 상시 상담이 있다. 정기 상담은 대부분 학년의 1학기 초와 2학기 초에 이루어진다. 1학기 초 정기 상담 시 교사는 학부모에게 장애 여부, 가정 배경, 학생의 성격적 특성, 자라온 환경, 가정에서 보이는 정서적 문제, 성장 과정에서의 문제, 학부모와의 관계, 이전 학년에서의 학업적 수준 등의 학생 개인적 성장 및 발달 정보를 제공받을 수 있다. 교사는 상담 전 〈표 41〉과 같은 정보 공유 카드를 학부모에게 제공함으로써 학생에 대한 필요한 정보를 보다 효율적으로 제공받을 수 있다.

학부모는 가정에서 보여지는 정서적 문제, 성장 과정에서의 문제, 부모와의 관계에 대한 정보의 제공과 더불어 현재 가정에서 학생의 성장과 발달을 위하여 어떤 지원을 실시하고 있는지의 정보를 제공할 수 있다. 학부모는 〈표 42〉의 학부모 상담 주간 신청서를 통해 자신이 알고 싶은 학생의 정보를 교사에게 요구한다. 그리고 교사는 상담 신청서의 내용을 바탕으로 학부모가 원하는 정보를 파악하여 제공하되 학년 초 학생의 학교 적응, 진단 평가 결과, 교우 관계 등의 정보를 중심으로 공유하는 것이 바람직하다. 그리고 정보의 제공보다 정보의 수집에 초점을 맞추고 상담을 진행해야 한다.

2학기 초 정기 상담 시 교사는 학부모에게 학생의 변화에 대한 정보를 제공받을 수 있다. 교사는 2학기 초 상담 전 〈표 43〉과 같은 정보 공유 카드를 통해 학부모로부터 학생의 변화 정보를 보다 효율적으로 제공받을 수 있다.

학부모는 1학기 때와 같이 〈표 42〉의 학부모 상담 주간 신청서를 통해 학생 발달의 변화 정보를 교사에게 요구한다. 그리고 교사는 상담 신청서의 내용을 바탕으로 학부모가 원하는 정보를 파악하여 제공하되, 학생의 과제 수행 결과, 과제의 오류, 학생의 현재 학업 수준, 총괄 평가 결과 등의 내용에 초점을 맞추고 상담을 진행해야 한다.

상시 상담은 정기 상담과 달리 필요할 때마다 수시로 실시한다. 상시 상담의 내용은 정기 상담과 크게 다르지 않으나 교사나 학부모가 특정 상황에서 필요한 정보에 초점을 맞추어 실시한다. 특정 상황이란 예를 들어 학생이 학교생활과 가정생활 중 갑작스러운 행동 변화를 보이는 경우와 같은 것이다. 상시 상담의 경우 학부모와의 직접적인 면담을 통해 진행될 수 있으나 상황에 따라 전화 상담 및 SNS를 통해 실시할 수 있다. 상시 상담 역시 정기 상담과 마찬가지로 충분한 준비 과정을 거친 후 실시하는 것이 바람직하다. 간혹 준비 없이 상시 상담을 실시하는 경우 교사와 학부모 모두 부담을 느낌으로써 충분한 정보를 공유하지 못하게 되는 경우가 있다.

표 41. 1학기 초 정보 공유 카드

4학년 행복 성장반 정보 공유 카드

안녕하세요? 4학년 담임 황평가입니다. 다음은 현재 학생의 가정에서의 모습을 공유하기 위한 질문 카드입니다. 답변을 적어 보내주시면 학생의 성장과 발달을 위한 좋은 정보로 활용할 수 있습니다. 바쁘시지만 성심 성의껏 적어 보내주시면 감사하겠습니다.

- 4학년 담임 황평가 드림-

질문	부모님의 정보 공유
출생에서, 현재에 이르기까지 자녀에게 영향을 준 일이 있다면 무엇이라 생각하십니까?	
아이의 성격 가운데 장점은 무엇이라고 생각하십니까?	
아이의 성격 가운데 단점은 무엇이라고 생각하십니까?	
아이의 건강 가운데 염려스러운 점이 있다면 어떤 것입니까?	
아이의 가정생활 태도 가운데 바람직한 점은 어떤 것입니까?	
아이의 가정생활 태도 가운데 고쳐야 할 점은 어떤 것입니까?	
아이에 대한 문제는 누가 주로 결정을 합니까?	

아이의 학교생활에 주로 도움을 주는 사람은 누구입니까?	
아이가 집에 돌아와 학교에 관한 이야기를 하는 편입니까?	
아이가 가족 가운데 대화를 많이 하는 사람은 누구이며, 어떤 얘기를 주로 나눕니까?	
조금은 특별한 가정환경이나 그로 인해 학교에서 도움을 얻길 바라는 부분이 있다면 솔직하게 써주세요.	
현재 아이의 학습 성취도에 부모님의 만족도는 어떠하십니까?	
사교육을 받고 있습니까? 그렇다면 무엇입니까?	
아이는 가정에서 보내는 시간을 어떻게 사용합니까?	
학교에서 내어준 과제는 어떻게 해결하고 있습니까?	
자녀가 관심 있거나 흥미를 보이는 분야나 과목은 무엇입니까?	
아이의 학습 습관 중에서 꼭 고쳤으면 하는 점이 있다면 무엇입니까?	

과정 중심 평가
역동적 평가로 실천하기

표 42. 학부모 상담 주간 신청서 양식의 예

2019학년도 1학기 상담 주간 신청서 (2019. 4. 9 ~ 2019. 4.13)

( )학년 ( )반 ( )번 학생명( )

※ 해당 하는 곳에 체크해주세요

희망 상담일	2019년 4월 ( )일 ( )요일			
상담 참여자	부 ( )	모 ( )	부모 ( )	기타 ( ) 관계 :
상담 방법 (시간은 방과 후 가능합니다)	방문 상담 ( )	시간 :		
	전화 상담 ( )	시간 :		
상담 영역	상담 예시 내용			
학업 관계 ( )	학업 성취, 학습 방법 및 학습 태도, 평가 내용 및 학습 수준			
진로 문제 ( )	진로 문제, 적성 문제, 특기 개발			
학교 적응 문제 ( )	학교 적응 문제			
교우 관계 ( )	친구와의 갈등, 이성 친구와의 문제, 따돌림			
정서적 문제 ( )	우울, 불안, 공포, 자살 충동, 불면, 타인과의 마찰			
행동 및 습관 ( )	주의 집중 곤란, 강박적 행동, 학습 태도, 수업 시간 모습			
가정에서의 갈등 ( )	부모님과의 갈등, 형제 및 자매와의 갈등, 가정에서의 학습			
기타 ( )				

※ 학부모 상담은 수업이 모두 끝난 후 방과 후에 이루어집니다.
※ 상담 시간은 학부모님들께서 보내주신 시간들을 모두 정리하여 알려드립니다.
※ 방문 상담, 전화 상담 모두 아이의 성장과 발달을 위한 목적을 갖고 상담에
  참여해주시면 감사하겠습니다.

2019년 4월 일   상담 신청 학부모   인

표 43. 2학기 초 정보 공유 카드 - 긍정적 변화 요구 질문

4학년 행복 성장반 정보 공유 카드

안녕하세요 4학년 담임 황평가입니다. 다음은 현재 학생의 가정에서의 모습을 공유하기 위한 질문 카드입니다. 답변을 적어 보내주시면 학생의 성장과 발달을 위한 좋은 정보로 활용할 수 있습니다. 바쁘시지만 성심 성의껏 적어 보내주시면 감사하겠습니다.

※ 1학기에 비하여 달라진 점 및 변화된 점을 생각하시고 적어주시면 더욱 좋겠습니다.

- 4학년 담임 황평가 드림-

질문	부모님의 정보 공유
현재 아이의 가정생활을 한마디로 표현한다면?	
아이의 장점 가운데 변화된 것은 무엇입니까?	
아이의 단점 가운데 변화된 것은 무엇입니까?	
아이의 건강 중 염려되는 점은 현재 어떤 것입니까?	
아이의 가정생활 태도 가운데 고쳐야 할 점들은 고쳐졌습니까?	
아이가 집에 돌아와 학교에 관한 이야기를 하는 편입니까?	
아이가 가족 가운데 대화를 많이 하는 사람은 누구며, 어떤 얘기를 주로 나눕니까?	
조금은 특별한 가정환경이나 그로 인해 학교에서 도움을 얻길 바라는 부분 중 달라진 점이 있다면 솔직하게 써주세요	
현재 아이의 학습 성취도에 부모님의 만족도는 어떠하십니까? (변화 정도는?)	
사교육을 받고 있습니까? 그렇다면 무엇입니까?	

아이는 가정에서 보내는 시간을 어떻게 사용합니까?	
학교에서 내어준 과제는 어떻게 해결하고 있습니까?	
자녀가 관심 있거나 흥미를 보이는 분야나 과목은 무엇입니까?	
아이의 학습 습관 중에서 꼭 고쳤으면 하는 점이 있다면 무엇입니까?	

평가 결과 통지표를 통한 정보 공유

현재 학교에서 제공되는 평가 결과 통지표는 학생의 성취 수준을 일방적으로 전달하는 방식이다. 하지만 평가 결과 통지표는 학생 평가가 어떻게 이루어졌으며 평가에서 학생의 학업 수준은 어떠하고 교사와 학부모가 학생을 위하여 무엇을 지원할 수 있는지에 대한 정보를 공유할 수 있는 매체가 되어야 한다. 교사와 학부모의 정보 공유 매체로서 평가 결과 통지표 양식은 〈표 44〉와 같다.

평가 결과 통지표의 '1. 태섭이의 성장 모습'에서는 학생의 평가 결과를 제공한다. '2. 내가 바라본 나'에서는 학생의 자기 평가 결과를 제공한다. '3. 가정에서도 함께해요'에서는 교사와 학부모가 학생을 지원함에 있어 협력해야 할 사항들에 대한 정보를 제공한다. '4. 부모님이 바라본 아이의 모습은?'에서는 학부모가 교사에게 학생의 정보를 제공한다.

표 44. 가정용 학생 평가 결과 통지표 양식의 예

꿈과 희망을 위해 역동적으로 성장하는
4-1의 성장 이야기
역동초등학교   4학년 1반   3번   이름 : 권 태 섭

부모님께 드리는 글
안녕하십니까? 역동초등학교 4학년 1반 담임 황평가입니다. 2018학년도 2차 평가 통지표를 보내드립니다. 과정 중심 평가는 성취 기준에 따라 학생의 성장과 발달을 도와주는 데 목적이 있습니다. 국어과 평가 결과는 학생들의 활동지와 함께 배부됩니다. 자녀의 평가 결과를 살펴보시고 칭찬과 격려 부탁드립니다.
 ※ 부모님께서는 ' 부모님이 바라본 아이의 모습'을 작성하셔서 담임 선생님께 보내주세요

담임 교사 황평가 드림

1. 태섭이의 성장 모습

단원	내가 도착해야 하는 목표는 무엇일까요?	나는 목표에 얼마나 가까이 있을까요?	나의 변화 모습은 어떨까요?	앞으로 내가 할 일은 무엇일까요?
8단원. 이런 제안 어때요	혼자서 또는 선생님의 도움을 받으며 생활 주변의 문제점에 대한 해결 방법을 제안하는 글쓰기를 완성하였는가	나는 목표를 향해 가고 있는 중입니다.	'4단원. 일에 대한 의견'의 글쓰기와 같이 '8단원. 제안하는 글쓰기'에서도 모든 활동을 선생님과 함께 수행하여 글쓰기 과제를 완성하였습니다. 하지만 글쓰기 과제의 수준이 이전보다 많이 높아졌음에도 불구하고 끝까지 완수한 것은 아주 훌륭합니다.	글을 읽고 구조에 따라 중요 내용 파악하기 연습을 함으로써 글의 종류와 구조 그리고 그에 따른 내용의 배치에 대해 추가적으로 공부를 한다면 많은 발전이 기대됩니다. 이와 같은 9월 4일부터 방과 후 글쓰기 보충수업에서 실시할 예정이니 참가바랍니다.

2. 내가 바라본 나는?

영역	성취 기준	자기 평가			
		매우 잘함	잘함	보통	노력 요함
학습 태도	◦ 학습 시간에 발표를 자주 하나요?				
	◦ 다른 사람의 이야기를 주의 깊게 듣나요?				
	◦ 과제/교과서(준비물)를 잘 준비하나요?				
	◦ 학습 시간에 집중을 잘 하나요?				
학교생활	◦ 예의바르게 행동하는가?			·	
	◦ 늘 고운 말을 사용하려고 애쓰는가?				
	◦ 학급 청소 활동 및 자기주변 정리정돈을 잘 하는가?				
	◦ 식사 예절을 바르게 지키고 골고루 잘 먹는가?				
	◦ 친구들과 사이좋게 지내려고 노력하는가?				

3. 가정에서도 함께해요

9월 4일부터 시작되는 방과 후 글쓰기 보충 수업에 태섭이가 참가할 수 있도록 가정에서 태섭이의 방과 후 일정 조정 부탁드립니다.

4. 부모님이 바라본 아이의 모습은?

질문	부모님의 나눔 말씀
아이가 좋아하는 과목은? (이유를 적어주세요)	
아이가 싫어하는 과목은? (이유를 적어주세요)	
아이의 달라진 모습은?	
선생님과 나누고픈 이야기	

상담 활동과 평가 결과 통지표 외에 소셜 네트워킹 서비스(Social networking service, SNS)를 활용하여 학생 정보를 공유할 수 있다. SNS를 활용한 학생 정보의 공유는 신속하고 간편하며 시간과 장소에 구애받지 않는다는 장점이 있다. SNS를 활용하여 학생의 정보를 공유하는 예는 〈그림 6〉과 같다.

• 그림 6. 인터넷 카페 및 스마트폰 어플을 이용한 수업 내용 공유 •

2 다음 학년 담임교사와 정보 공유하기

　학생의 성장과 발달은 과거에서부터 미래까지 이어져야 한다. 이를 위해서는 현재 담임교사와 다음 학년 담임교사 사이 학생 평가 결과에 대한 깊이 있고 적극적인 공유가 필요하다. 현재 담임교사와 다음 학년 담임교사가 공유할 내용은 학생의 성장과 발달 과정에서 학생의 전반적 수준, 과제 수행 시 나타나는 잦은 오류의 유형과 지원 내용, 학생의 성격적 특성, 장애 여부, 교우 관계 등에 대한 다양한 정보이다.

　현재 담임교사와 다음 학년 담임교사 사이의 공유는 마음의 공유가 우선되어야 한다. 교육에 대한 철학과 관점이 서로 다른 교사들은 학생의 지원에 있어서 서로 다른 입장과 방법을 취하게 되기 때문이다. 철학과 관점을 공유하기 위해서 교사들은 서로에게 개방적인 태도로 대화의 시간을 가져야 한다. 개방적인 대화는 서로의 공통점과 차이점을 이해하게 하고 이는 결국 학생 지원을 위한 효과적인 방법의 개발에 토대가 된다.

교사 간의 대화에서는 평가 결과 기록물과 교사 일지에 기록된 학생의 정보를 활용할 수 있다. 평가 결과 기록물이란 1년간 학생의 평가 결과를 포트폴리오로 정리한 것으로 학생의 성장 발달 정보와 필요한 지원 정보를 담고 있다. 교사 일지는 교사가 한 해 동안 기록해온 학생 성장과 발달의 지속적인 모습과 활동, 제공했던 피드백의 내용과 학부모와의 정보 공유 내용, 상담 내용 등을 담고 있다. 따라서 평가 결과 기록물과 교사 일지를 함께 공유한다면 학생에 대한 다양한 정보를 다음 학년 담임교사에게 제공할 수 있을 뿐만 아니라 효과적이고 체계적으로 정보를 나눌 수 있다. 그리고 교사들의 대화에서 학생의 정보 공유를 위한 별도의 양식을 마련하여 활용할 수도 있다. 학생 정보 공유의 별도 양식은 〈표 45〉와 같다.

현재 담임교사와 다음 담임교사의 학생 정보 공유가 필요함에도 불구하고 학교 현장에서 이를 위한 시간을 마련하기가 쉽지 않다. 현재와 다음 담임교사 사이 학생 정보 공유의 시간을 확보하기 위하여 '학교 교육과정 함께 만들기 주간' 등의 시간을 이용할 수 있으나 정보 공유의 필요성과 중요함을 고려한 충분한 시간 확보를 위해 학교 자체적으로 계획을 수립해서 방법을 강구할 필요가 있다. 그리고 담임교사들 사이의 정보 공유는 특정한 기간에 한정하여 실시할 것이 아니라 필요한 시기마다 수시로 실시해나가는 것도 바람직할 것이다.

표 45. 학생 정보 공유 양식

다음 선생님과 함께 나누고 싶은 ㅇㅇ이의 이야기

학생의 올바른 성장과 발달을 위한 기대치와 바람을 공유하고자 작성한 것입니다. 다음 학년에 아동 생활과 성장 발달을 좀 더 알차게 지도하기 위한 자료로 쓰이길 바랍니다.

■ 가정환경

1. 아이의 학교생활에 주로 도움을 주는 사람은?

2. 아이가 가족 가운데 대화를 많이 하는 사람은 누구이며, 어떤 얘기를 주로 나누는지?

3. 학부모가 희망했던 학교의 지원 내용은?

4. 학교 과제는 얼마나 완수하는가?

5. 최근 학생이 관심 있거나 흥미를 보이는 분야나 과목은?

6. 관심을 가지고 지도한 학생의 학습 습관은?

■ 생활 지도 / 상담

1. 최근 학생의 관심사와 즐겨하는 것?
  가) 관심사 :
  나) 즐겨 하는 것 :

2. 학교에서 학생의 가장 친한 친구는? 2명.
  (   )

3. 담임교사가 생각하는 학생의 강점은?

4. 담임교사가 생각하는 학생의 보완할 점은?

5. 담임교사가 관심을 가졌던 학생의 건강사항은?
  (우유 급식이나 학교 급식에서 주의할 점, 어릴 때부터 갖고 있는 지병, 알레르기 등)

■ 학습 상황

1. 현재 아이의 학습성취도(성적 및 노력)에 부모님의 만족도?
  매우만족 (   ) 대체로 만족 (   ) 보통 (   )
  대체로 불만족 (   ) 매우 불만족 (   )

2. 학부모가 학생의 학업에 대해 불만족하는 이유는?

3. 현재 받고 있는 사교육?

사교육 종류	배우는 것	주당 횟수 및 시간

■ 성장과 발달을 위해 제공한 지원

1. 학업 영역에서 제공한 특별한 지원 내용은?

2. 생활 영역에서 제공한 특별한 지원 내용은?

과정 중심 평가
역동적 평가로 실천하기

교사 간 정보 공유 사례

　K초등학교에서는 다음 해 학교 교육을 위해 학교 교육과정 함께 만들기 주간을 운영하고자 했다. 교무부장 황성택 선생님은 동료 선생님들과 함께 학교 교육과정 함께 만들기 주간을 어떻게 운영할지에 대해 의논하셨다.

　"선생님, 이번 학교 교육과정 함께 만들기 주간은 어떻게 운영하면 좋을까요?"

　"교무부장 선생님, 사실 특별히 작년과 활동이 더 달라질 것은 없을 것 같은데요. 다만, 이전 선생님과 새로운 선생님 사이에 학생에 대한 정보를 공유할 수 있는 시간을 마련해주셨으면 좋겠어요. 저희 반 재구라는 친구가 있었는데, 작년에 그 학생에 대한 정보가 충분히 없어서 학년 초에 너무 힘들었거든요."

　"네, 저도 김영양 선생님 말씀에 동의해요. 그래서 올해는 학생의 정보를 함께 나눌 수 있는 시간을 꼭 가졌으면 좋겠습니다."

　K초등학교에서는 학생들에 대한 정보를 공유할 필요성에 대해서로 동의하고 학교 교육과정 함께 만들기 주간에 정보 공유 활동을 포함시키기로 하였다.

　위의 사례에서처럼 교사들은 학생들에 대한 정보가 전무하여 학년 초에 곤란을 겪는 경우가 많다. 하지만 이전 담임교사들과 언제 그리고 어떻게 정보를 공유할지 몰라 학생에 대한 정보를 미리 얻지 못하는 경우가 많다. 그래서 학교 교육과정 함께 만들기 주간과 같은 공식적인 활동에 시간을 마련함으로써 학생의 정보 공유에 대한 문제를 해결할 수 있다.

    K초등학교에서는 사전에 협의된 내용에 따라 학교 교육과정 함께 만들기 주간에 이전 담임교사와 다음 학년 담임교사 사이에 학생에 대한 정보를 공유하기로 하였다. 이때 다른 학교로 발령을 받은 선생님들은 해당 학교에 공문을 통하여 양해를 구하고 정보 공유 활동에 하루 참가하도록 하였다.

    "김영양 선생님, 혹시 저희 반에 학생들 중에 제가 좀 더 신경을 써야 할 학생들이 있을까요?"

    "민오학 선생님, 작년에 저는 재구에 대한 고민이 조금 더 있었던 것 같아요."

    "재구는 어떤 학생인가요?"

    "제가 준비해온 자료(표 45. 학생 정보 공유 양식)를 보면서 말씀 드려도 될까요? 재구는 어머니가 주로 학교에 관심을 가지고 많이 도와주셨는데요, 어머니께서 중국 분이세요. 그래서 소통에 조금 어려움이 있기는 했으나 어머니께서 저와 적극적으로 이야기를 나누고 싶어 하셔서 많은 상담을 가졌습니다."

    "혹시 어머니께서 중국 분이어서 더 도움을 드려야 할 것은 없었나요?"

"네, 특별하게 더 도움을 드린 부분은 없었던 것 같아요. 그리고 어머니께서 재구의 학습에 대해서 전반적으로 만족을 하고 계셨습니다."

"재구가 혹시 학원을 다니나요?"

"네. 재구가 국영수 보습학원에서 방과 후에 매일 2시간 정도씩 공부를 했어요. 그런데 학교 숙제는 잘 안 해 오더라고요. 그리고 학교 공부에 특별히 관심이 없는 것처럼 보였어요. 학교에 와서 수업 시간에 조는 모습이 많이 보였습니다."

"왜 그렇게 조나요?"

"어머니께 여쭤보니 재구가 음식을 많이 먹어서 식곤증 때문에 조는 것 같다고 하시더라고요. 그래서 영양사 선생님과 재구 급식에 대해서 많이 이야기하고 학교와 가정에서 식단을 조절하려고 했습니다. 그런데 식곤증 문제는 잘 해결이 안 되더라고요. 혹시 다른 원인 때문에 그런 것은 아닌지도 좀 살펴볼 필요가 있는 것 같습니다."

"그렇군요. 선생님 주신 자료(표 45. 학생 정보 공유 양식)를 보니 그래도 친한 친구는 있는 것 같네요."

"네. 다행이 저희 학교는 학년에 학급이 한 개뿐이라 친한 친구들끼리 계속 같이 생활할 수 있어서 교우 관계에서는 큰 문제가 없을 것 같아요. 재구가 계속 수업 시간에 졸다 보니 학습적인 부분에서 지원을 하려고 해도 많은 어려움이 있었습니다. 그래도 활동적인 수업을 하면 학생이 졸지 않고 참여하는 모습을 보여서 가급적 수업을 활동적으로 구성하려고 노력했습니다."

"네. 그렇군요. 저도 많이 고민하고 준비해야겠습니다. 정보 고맙습니다."

위의 사례에서 김영양 선생님은 학생 정보 공유를 위한 양식을 마련하고 정리한 것이 민오학 선생님과의 대화에서 많은 도움이 되었다고 말했다. 그리고 민오학 선생님도 사전에 학생에 대한 정보를 얻을 수 있어 새 학기를 준비하는 데 유익했다고 말했다. 이처럼 학생 정보에 대한 교사 간의 공유는 교사를 위해서도 그리고 학생을 위해서도 꼭 필요한 일이라고 생각한다.

학생의 성장과 발달을 위한
효율적인 피드백의 계획부터 실행까지

역동적 평가를 실천하고자 하시는 선생님들께

이 책을 끝까지 읽으셨다면 선생님들께서 느끼실 마음과 갖게 될 생각을 조금은 짐작할 수 있을 것 같습니다. 많은 선생님들께서 '힘든데 어떻게 하지?', '좋은 것 같은데, 내가 하기에는 어려울 것 같은데'라는 생각을 했을지도 모릅니다.

평가에 대한 연수를 다니면서 가장 많이 받는 질문 중의 하나는 "선생님, 다 좋은데 그거 힘들어서 어떻게 해요?"입니다. 그럴 때마다 저는 이렇게 이야기합니다.

"제가 좋은 다이어트 방법 하나 알려드릴까요? 학기 중에 역동적 평가를 실시하세요. 저는 매 학기 2kg 정도 빠지는 것 같습니다. 역동적 평가를 실시한 덕분에요. 물론 방학에 회복됩니다. 쉽지 않습니다. 힘듭니다. 하지만 제 학생들이 변할 수 있습니다."

작년에 한 학생과 아주 강렬한 첫 만남을 가졌습니다. 혁이라는 이름의 학생이었습니다. 개학식을 하고 교실로 들어갔는데 혁이는 소리를 지르며 빗자루를 휘두르고 있고 주변의 친구들은 그런 혁이를 욕하고 비난하고 있었습니다.

혁이가 제게 와서 말했습니다.

"저는 책만 펼 줄 알아요."

이렇게 혁이와의 4학년이 시작되었습니다. 혁이는 정말 아무것도 하지 않았습니다. 친구들과 자꾸 다퉜습니다. 저는 스스로에게 물어볼 수밖에 없었습니다. '내가 혁이에게 뭘 해주어야 하나?' 그리고 혁이에게도 물었습니다.

"혁아, 선생님이 뭘 해주면 좋을까?"

"놀고 싶어요."

"그럼, 놀자."

저는 혁이가 왜 친구들과 갈등이 생기는지에 대해 생각해봤습니다. 책상과 의자라는 좁은 공간에 갇혀 알 수 없는 공부를 하는 데서 오는 스트레스 때문일 것이라고 생각했습니다. 혁이에게 자신만의 공간을 마련해주었습니다.

"혁아, 여기서 놀고 싶을 땐, 언제든지 놀아도 된다."

혁이는 학교에 와서 매일 놀았습니다. 계속 놀았습니다. 친구들을 방해하지 않았습니다. 친구들과의 갈등이 사라지고 마음의 여유가 생겨났습니다. 그리고 혁이가 제게 물어봤습니다.

"선생님 저 바보예요?"

"왜 그렇게 생각하지?"

"잘 모르니까요."

"지금은 아니지만 앞으로 계속 공부를 하지 않으면 바보가 될 수도 있겠지?"

혁이의 마음속에서 공부에 대한 관심이 생겨났음을 알 수 있었습니다. 그리고 혁이의 공부가 시작되었습니다.

"혁아, 수학 문제 하나만 풀고 놀까?"

"어렵지 않아요? 어려우면 싫은데."

"한 번 볼까?"

"이 정도는 알 수 있을 것 같아요. 12 곱하기 2는 24예요."

"잘했다. 그럼 네가 하고 싶은 것을 해도 좋아."

저는 혁이가 변하는 모습을 보며 과제의 난이도와 양을 맞춰갔습니다. 혁이의 과제는 조금씩 어려워졌고 양도 많아졌지만 혁이는 포기하지 않았습니다. 그렇게 혁이가 변하기 시작했습니다. 혁이는 다른 사람의 감정을 이해하는 데 조금 어려움이 있습니다. 이 때문에 의사소통에도 조금 어려움이 있습니다. 그리고 이 영향 때문인지 글쓰기도 정말 어려워합니다. 그래서 글쓰기를 정말 싫어했습니다. 하지만 혁이와 저의 노력으로 혁이는 결국 글쓰기를 시작했습니다. 다음 사진은 혁이가 4학년 5월에 처음 썼던 글입니다.

　저는 너무 좋았습니다. 지난 학년에는 교실에서 매번 쫓겨나고 학교를 방황하다가 집으로 돌아가던 학생이었습니다. 그 학생이 지금 나와 첫 글쓰기 과제를 완성했다는 것이 너무나 좋았습니다. 노력의 보상을 받은 것 같아 너무 기뻤습니다. 저는 제 이 감정을 그대로 학생에게 이해시켜줬습니다.

　"혁아, 너무 좋은데. 너무 좋아서 말이 안 나오는데."

　"왜요?"

　"혁이가 학교에서 처음으로 글을 썼잖아? 선생님은 옛날의 혁이와 지금의 혁이는 완전히 다른 사람이라고 생각해. 혁이는 어떤 것 같니?"

　"음… 잘 모르겠어요."

　"잘 모를 수 있어. 친구들에게 물어볼까? 한이야, 3학년 때랑 비교했을 때 혁이가 좀 어떻게 변한 것 같아?"

"3학년 때는 돌아다니고 소리 지르고 싸우고 그랬는데. 이젠 뭘 좀 하는 게 신기해요."

"혁아, 정말 넌 변한 것 같아. 선생님이 정말 고맙다."

"안아주세요. 선생님!"

혁이는 평소 누군가가 안아주는 것을 정말 좋아합니다. 저는 혁이를 안아줬고 혁이와 함께 계속 공부를 했습니다. 혁이에게 필요한 지원이 무엇인지를 저 자신에게 물었고 혁이에게 물었습니다. 그리고 혁이가 어떻게 변화해가는지를 계속 지켜보며 혁이와 '변화하는 혁이'에 대해 자주 이야기를 나누었습니다. 그렇게 2학기가 마무리되었습니다. 4학년의 마지막 국어 글쓰기 과제로 자신이 선택한 위인전을 읽고 그것에 대한 감상문을 적는 활동을 하게 되었습니다. 혁이는 헬렌 켈러 이야기를 읽었습니다. 옆의 사진은 혁이의 4학년 마지막 글쓰기 과제입니다.

아무리 포장을 해도 역동적 평가는 힘든 일입니다. 컴퓨터 프로그램에서 제시된 몇 개의 평가 활동들 중 하나를 선택하고 평가지를 인쇄해서 평가를 진행하면 쉽게 학생들을 평가할 수 있습니다. 하지만 이런 식의 평가로 학생들이 변할 수 있을까요? 특히 혁이와 같은 학생들이 변할 수 있을까요? 기존의 평가에 비해 역동적 평가는 교사가 많은 시간과 노력을 투자해야 합니다. 더구나 일반적인 평가 방법에 비해 어렵습니다. 하지만 학생이 변할 수 있습니다.

아무리 큰 장애가 있어도
아무리 큰 병이 있어도 포기하
지 않고 역경이 닥쳐도 노력하
면 극복할 수 있다.

극복할 수 있는 이유는 우리 모두가 특별하
고 그리고 크고 큰 재능과 꿈이 있기 때
문이다.

꿈을 가진 아이는 포기하
지 않아요.

불필요한 일에 투자하는 시간과 노력만큼 아까운 것은 없습니다. 하지만 가치 있는 일에 투자하는 시간과 노력은 그것이 아무리 많고 힘이 들어도 나중에 더 큰 의미가 되어 자신에게 돌아올 것입니다.

힘들어 보인다고 포기하지 마세요. 어려워 보인다고 포기하지 마세요. 역동적 평가를 실행하는 것이 학생을 변화시키는 데 도움이 되고 가치 있는 일이라고 생각하신다면 해보세요. 처음부터 모든 것을 완벽하게 하려 한다면 쉽게 지쳐버릴 것입니다. 작은 부분부터 조금씩만 시도해보세요. 그렇게 교사 스스로를 변화시켜간다면 학생들도 함께 바뀌어나갈 것입니다.

참고문헌

- 교육부(2015a). 초 · 중등학교 교육과정 총론. 교육부 고시 제2015-80호 [별책 1]

- 교육부(2015a). 초 · 중등학교 교육과정 총론. 교육부 고시 제2015-80호 [별책 2]

- 교육부(2016). 2015 개정 교육과정 총론 해설.

- 교육부, 한국교육과정평가원 (2017). 과정을 중시하는 수행 평가 어떻게 할까요? 연구자료 ORM 2017-19-1

- 김기철, 이주연, 장경숙(2017). 2015 개정 교육과정의 핵심 역량 함양을 위한 초 · 중학교 교육과정 설계 방안 연구. 한국교육과정평가원 연구보고 RRC 2017-2

- 이수인(2018). 2015 개정 교육과정의 이해 및 성취 기준 중심 재구성의 실제. 강원도교육연수원 연수자료.

- 송언근(2017). 2017 초등 과정중심 평가 전문가 양성 직무연수 교재. 대구광역시교육청

- 한국교육과정평가원(2018). 과정 중심 평가 적용에 따른 학교 수준 학생 평가 체제 개선 방안. 이슈페이퍼.

- Feuerstein, R. (1979). The dynamic assessment of retarded performer: The learning potential assessment device, theory, instruments, and techniques. Baltimore: University Park Press.

- Vygotsky, L. S. (1986). Thought and language. Cambridge, MA: MIT Press.

「이 도서의 국립중앙도서관 출판예정도서목록(CIP)은
서지정보유통지원시스템 홈페이지(http://seoji.nl.go.kr)와
국가자료종합목록시스템(http://www.nl.go.kr/kolisnet)에서 이용하실 수 있습니다.
(CIP제어번호 : CIP2019018094)」

과정 중심 평가
역동적 평가로 실천하기

1쇄 발행 2019년 6월 5일
2쇄 발행 2021년 12월 5일

지은이 김병룡 김형욱 황의택

발행인 윤을식
펴낸 곳 도서출판 지식프레임
출판등록 2008년 1월 4일 제2020-000053호
주소 서울시 동대문구 청계천로 505, 206호
전화 (02)521-3172 ǀ **팩스** (02)6007-1835

이메일 editor@jisikframe.com
홈페이지 http://www.jisikframe.com

ISBN 978-89-94655-75-8 (03370)